Dieses Handbuch gehört:

Das Große Handbuch der Magischen Tiere

Aus den Notizbüchern von
Dr. Dimitros Pagonis

Zusammengestellt von Emily Hawkins
Illustriert von Jessica Roux

Aus dem Englischen von
Cornelius Hartz

PRESTEL
München · London · New York

Anmerkung des Verlags:

Das Originalexemplar dieses Buchs hat man kürzlich in einer Abstellkammer der Zentralbibliothek von Athen entdeckt. Offenbar wurde es vor ungefähr hundert Jahren von einem Zoologen namens Dr. Dimitros Pagonis verfasst und enthält Auszüge aus dem Tagebuch einer gewissen Artemis Matsouka. Leider war es nicht möglich, die Existenz von Dr. Pagonis und Frau Matsouka zu bestätigen, und so können wir nicht für den Wahrheitsgehalt der folgenden Seiten bürgen. Manch einer möchte sich daher vielleicht selbst auf die Suche nach magischen Tieren machen. In diesem Fall bitten wir jedoch um äußerste Vorsicht: Anscheinend haben die Verfasser dieses Buchs ein tragisches Ende gefunden, und wir möchten keineswegs, dass unserer treuen Leserschaft Ähnliches widerfährt. Hinweis: Einige Begriffe und Ortsnamen im Buch wurden für heutige Leser aktualisiert.

INHALT

Institut für Biologie,
Universität Athen
2. Februar 1927

Liebe Artemis,

zunächst einmal möchte ich dir zu deinem spektakulären Flug über den Atlantik gratulieren. Es muss so aufregend sein, ein Flugzeug zu steuern! Vielleicht erinnerst du dich an mich? Ich war ein Freund deines Vaters – er wäre sicher stolz auf alles, was du erreicht hast. Seit er verstorben ist, verfolge ich mit großem Interesse deine abenteuerlichen Taten. Nun bitte ich dich um Nachsicht, denn was ich dir hier schreibe, wird dir zweifellos recht merkwürdig vorkommen …

Offiziell forsche ich seit Jahrzehnten als Zoologe, doch daneben hege ich eine Leidenschaft, von der kaum jemand weiß. Ich bin Vorsitzender einer Geheimorganisation, die auf eine lange Geschichte zurückblickt: die Gesellschaft zum Schutz magischer Tierwesen (GzSmT). Vielleicht weißt du es nicht, aber auch dein Vater war dort Mitglied.

Vor langer Zeit, als die Menschen noch an Magie glaubten, bezweifelte niemand die Existenz dieser Tierwesen. Von riesenhaften Schlangen in Süßwasserseen bis zu zahmen Einhörnern in abgelegenen Wäldern waren sie Teil des täglichen Lebens, wurden in Liedern und Geschichten besungen. Doch im Laufe der Jahre verblasste das Wissen um diese Geschöpfe.

Heutzutage glauben die meisten Menschen nicht mehr an magische Tierwesen. Vielleicht ist das sogar zu unserem Besten, sonst würden einsame Landstriche von Leuten überrannt, die dort nach Basilisken suchen oder Hippogreife jagen. Es gibt aber einige wenige Eingeweihte, die das über Jahrhunderte gewachsene Wissen über magische Geschöpfe hüten und pflegen.

Manche trachten danach, den Tierwesen zu schaden. Nicht so die Mitglieder der GzSmT: Wir sind fest entschlossen, sie zu schützen.

Angeblich gehen die Populationen magischer Tierwesen in letzter Zeit weltweit zurück, weil der Mensch ihre Lebensräume zerstört. Ich will mich mit eigenen Augen davon überzeugen, ob diese Gerüchte wahr sind, deshalb werde ich im Auftrag der GzSmT zu einer Expedition aufbrechen, um die Geschöpfe in ihrem natürlichen Lebensraum zu beobachten, sie zu katalogisieren und ihren Fortbestand zu sichern.

Dazu brauche ich deine Hilfe, Artemis. Wirst du mich begleiten? Dein Mut, dein Wissen, deine Diskretion und nicht zuletzt dein zuverlässiges kleines Flugzeug wären für diese Reise überaus nützlich. Um dir die Entscheidung zu erleichtern, lege ich dir dieses Buch ans Herz, das ich für neue Mitglieder der GzSmT als Einführung in die Welt dieser majestätischen Wesen, ihre Gewohnheiten und Lebensräume verfasst habe.

Bitte sag ja, Artemis. Die magischen Tierwesen dieser Welt brauchen uns!

Viele liebe Grüße

Dimitros Pagonis
Vorsitzender der GzSmT

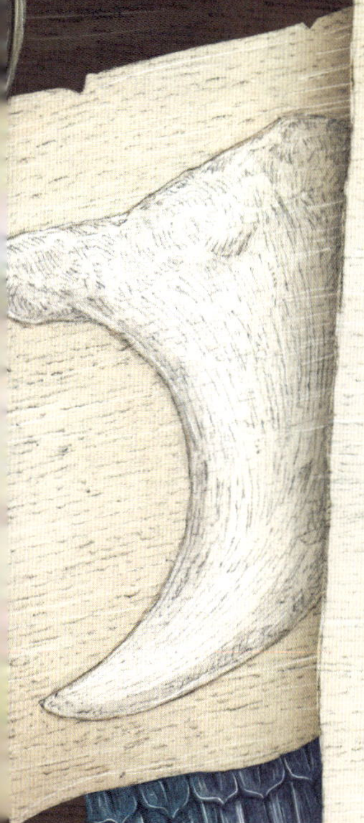

DIE WELT DER MAGISCHEN TIERWESEN

Seit Menschengedenken erzählt man sich in aller Welt von magischen Tierwesen – von großen Seeschlangen, mächtigen Hippogreifen, majestätischen Drachen. Heutzutage hasten die meisten Leute mit Scheuklappen durch ihr Leben und tun diese Geschöpfe als Hirngespinste ab. Dabei müssten sie sich nur ein paar Stunden Zeit nehmen, um den Himmel zu beobachten oder auf einer Waldlichtung zu sitzen ...

WAS SIND MAGISCHE TIERWESEN?

Magische Tierwesen spielen in den Märchen, Mythen und Legenden vieler Länder und Kulturen eine wichtige Rolle. Oft werden ihnen besondere Kräfte nachgesagt: Sie können sich unsichtbar machen, ihre Gestalt wandeln oder mit Blicken töten. In einigen Fällen scheint es eine wissenschaftliche Erklärung für diese „Magie" zu geben – auch wenn wir sie vielleicht noch nicht verstehen.

In anderen Fällen sind sie wohl allein der menschlichen Fantasie und Lust am Fabulieren entsprungen. Dieses Handbuch basiert auf den gesicherten Erkenntnissen der Gesellschaft zum Schutz magischer Tierwesen. Es ist nach Kontinenten geordnet und bietet einen Überblick über das Leben dieser Geschöpfe in aller Welt. Auch wenn nicht alle Zauberkräfte besitzen, hat allein ihre Existenz in unserer modernen Welt etwas Wunderbares.

30. April 1927, Athen, Griechenland

Natürlich habe ich eingewilligt! Wir haben einige Monate gebraucht, um die Expedition vorzubereiten, aber nun sind wir bereit zum Aufbruch. Dimitros hat mich in die Welt der magischen Tierwesen eingeführt, während ich ihm die Steuerung meines Flugzeugs Calypso beibrachte.

Morgen verlassen wir Athen im Auftrag der GzSmT. Zuerst steuern wir Thessalien an, danach werden wir quer durch Europa und dann weiter westwärts reisen. Ich werde unsere Erlebnisse während dieser Reise dokumentieren. Die Entfernungen allein sind eine Herausforderung – wenn wir dazu noch gefährlichen magischen Geschöpfen begegnen, wird es ein aufregendes Unterfangen!

TIERWESEN EUROPAS

Europa ist mit seinen dichten Wäldern und nebligen Bergen die Heimat einiger sehr seltener Wesen, von Einhörnern über Zentauren bis hin zu Trollen. Doch die Menschen dringen immer weiter in den Lebensraum dieser Geschöpfe vor und bedrohen ihre Existenz.

WIE MAN DAS ALTER EINES ZENTAUREN SCHÄTZT

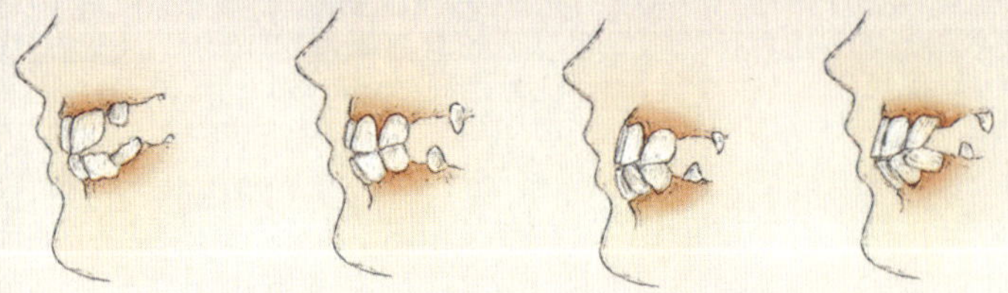

Forscher der GzSmT fanden heraus, dass die Zähne von Zentauren im Laufe ihres Lebens immer länger werden. Theoretisch lässt sich also das Alter eines Zentauren an seinem Gebiss ablesen. Doch wer einem Zentauren direkt in den Mund schaut, riskiert angespuckt oder gebissen zu werden. Also Obacht!

ERSTAUNLICHE KÖRPER

Der Körperbau der Zentauren hat Forscher schon immer vor Rätsel gestellt. Einen so extremen Knick in der Wirbelsäule wie am Übergang von menschlichem Oberkörper zu pferdeartigem Rumpf weist kein anderes bekanntes Wesen auf. Außerdem sind die Zentauren die einzigen Säugetiere, die sechs statt vier Gliedmaßen besitzen.

ZENTAUR

Centaurus ferus

Halb Mensch, halb Pferd ist der Zentaur eines der berühmtesten Geschöpfe der griechischen Mythologie. Die meisten Menschen halten ihre Existenz für einen Mythos, aber es gibt sie tatsächlich – oder zumindest gab es sie einst. Die traurige Wahrheit ist, dass die Zahl der Zentauren, die einst die abgelegenen Hügel des antiken Thessalien durchstreiften, stark zurückgegangen ist: Die GzSmT hat seit 1837 keine einzige Sichtung verzeichnet.

LEBENSRAUM: bergige Wälder

REGION: Griechenland, insbesondere Thessalien

MERKMALE: menschenähnlicher Kopf und Torso, Körper und Beine eines Pferdes

GRÖẞE: etwa 2 Meter hoch

NAHRUNG: Nüsse und Obst, Vögel und kleinere Säugetiere

VERHALTEN: Zentauren nutzen Speere und Pfeile zur Jagd und zur Verteidigung. Sie sind für ihre Grausamkeit berüchtigt: Wer ihren Hinterbeinen zu nahe kommt, läuft Gefahr, einen Tritt abzubekommen, der Knochen brechen kann.

ZYPRISCHER ZENTAUR

Centaurus cyprius

Auf der Insel Zypern lebte einst eine besondere Unterart von Zentauren mit gekrümmten Hörnern, ähnlich wie Widder. Sie wurden aber seit Jahrzehnten nicht mehr in freier Wildbahn gesichtet.

6. Mai 1927, Pilio, Griechenland

Unsere Reise hat leider ziemlich enttäuschend begonnen. Nach einer Woche in den Bergen von Thessalien haben wir noch immer keinen Zentauren gesichtet, obwohl wir sämtliche im GzSmT-Handbuch verzeichnete Orte aufgesucht haben. Immerhin haben wir alte Pfeilspitzen entdeckt, die laut Dimitros aussehen, als seien sie von Zentauren hergestellt. Er hat mich behutsam darauf hingewiesen, dass Feldforschung oft eintönig und mühselig ist. Aber um der Tierwesen willen müssen wir durchhalten!

NICHT NACHGEWIESENE WESEN

HYDRA

GORGO

MINOTAURUS

ZYKLOP

CHIMÄRE

ZERBERUS

Die Existenz vieler Tierwesen aus der griechischen Mythologie ist kaum nachweisbar. Nach jahrelanger Recherche fürchte ich, dass es sich bei den hier gezeigten (links) um reine Fantasiegeschöpfe handelt.

KERYNITISCHE HIRSCHKUH

Kerynítis élaphos

Dieses beeindruckende Wesen, größer als ein Stier und mit goldenem Geweih, taucht im griechischen Mythos des Helden Herakles auf: Der König von Mykene stellt Herakles zwölf (fast) unlösbare Aufgaben. Die dritte besteht darin, die majestätische Kerynitische Hirschkuh zu fangen. Vorbild war wohl diese seltene Hirschart mit goldenem Geweih auf der Halbinsel Peloponnes.

LEBENSRAUM: Wald

REGION: Keryneia (Nordpeloponnes), Griechenland

MERKMALE: goldene Hufe, geflecktes Fell, goldenes Geweih. Ähnlich wie bei Rentieren tragen nicht nur die Männchen, sondern auch die Weibchen ein Geweih. Anders als Rentiere werfen Kerynitische Hirsche ihres jedoch nicht ab – sehr zum Leidwesen von Trophäensammlern.

GRÖßE: 2 Meter hoch, mit Geweih bis zu 3 Meter

NAHRUNG: Blätter und Gras

VERHALTEN: Das Geweih besteht nicht wirklich aus Gold, sondern ist mit Chitin überzogen (diese Substanz lässt auch Prachtkäfer schimmern). Der Hirsch kann seinen Kopfschmuck so ausrichten, dass sich das Sonnenlicht darin spiegelt und er jeden blendet, der ihm zu nahe kommt. So wird er dank seines schimmernden Schmucks beinahe unsichtbar.

DAS MAGISCHE EINHORN-HORN

Jahrhundertelang glaubten die Menschen, dass ein Raspel vom Horn eines Einhorns jede Krankheit heilen und das Trinken aus einem Einhorn-Becher jedes Gift entkräften könnte. Daher waren die Hörner extrem wertvoll und sehr teuer. In Wirklichkeit handelte es sich meist um Stoßzähne von Narwalen (die viel leichter zu fangen waren als Einhörner). Bis heute gilt zermahlenes Einhornhorn-Horn mancherorts als wirksame Medizin – deshalb werden die Wesen bis heute gejagt.

Das Horn des Einhorns ist durchzogen von empfindlichen Nervenenden, mit denen es Signale aus der Luft aufnehmen kann, um Feinde aufzuspüren. Mit seinem Horn wühlt es aber auch im Unterholz nach Nahrung, vor allem nach seiner Lieblingsspeise: wilde Trüffeln. Eventuell besitzt das Horn weitere, noch unerforschte Kräfte.

URALTER VORFAHR

Eventuell stammen Einhörner von einem prähistorischen Tier namens Elasmotherium ab, das vor Millionen Jahren durch Europa streifte. Es hatte ähnlich dickes Fell wie ein Wollhaarmammut und ein großes Horn. Seine heutigen Nachkommen sind um vieles anmutiger und graziler als ihre bulligen Vorfahren.

EUROPÄISCHES EINHORN

Unicornis europaeus

Es ist noch gar nicht lange her, da waren die meisten Einwohner Europas überzeugt von der Existenz magischer Einhörner. Heutzutage glauben viele nicht mehr an diese Geschöpfe, aber einigen wenigen sind ihre Gewohnheiten und Aufenthaltsorte weiterhin vertraut. Leider werden die schönen Tiere offenbar immer seltener, das sie noch immer von Wilderern wegen ihrer wertvollen Hörner gejagt werden. Vielleicht sind die Einhörner aber auch nur geschickter darin geworden, sich vor den Menschen zu verstecken.

LEBENSRAUM: dichte Wälder

REGION: Europa (Einhorn-Arten aus anderen Teilen der Welt auf S. 44, 49, 57)

MERKMALE: Körperbau eines schlanken Pferds, spiralförmiges Horn, ziegenartiger Bart, langer, quastenartiger Schwanz, geschecktes Fell zur Tarnung

GRÖẞE: bis ca. 1,30 Meter Stockmaß

NAHRUNG: Gräser, Wurzeln, Beeren und Pilze

VERHALTEN: Europäische Einhörner sind sehr scheu und leben als Einzelgänger in abgelegenen Wäldern. Mit ihrem guten Gehör und ihrem empfindsamen Horn bemerken sie sofort, wenn sich ihnen Menschen oder Wölfe nähern. Das macht es so schwer, sie aufzuspüren.

3. Juni 1927, Schwarzwald

Heute Morgen sind wir von unserem gemütlichen Gasthaus im Wald aufgebrochen, um nach Einhörnern zu suchen. Ich dachte, wir würden Zuckerwürfel als Köder mitnehmen, aber Dimi schwor stattdessen auf wilde Trüffeln. Wir fanden mehrere Hufabdrücke, aber Einhörner zu erspähen gelang uns nicht einmal aus der Ferne. Dimi scherzte, dass die Einhörner vielleicht gelernt hätten, sich unsichtbar zu machen. Wahrscheinlich sind sie aber einfach nur Meister der Tarnung. Im Grunde ist es nur gut, dass es ihnen so fabelhaft gelingt, die Menschen zu meiden: So sind sie viel sicherer!

Dieser kleine, aber tödliche Drache wird häufig in der europäischen Folklore erwähnt. Mittelalterliche Legenden behaupten, dass der Schreckhahn seine Opfer mit seinem Blick zu Stein verwandeln könne, genau wie die Gorgonen aus der griechischen Mythologie. Tatsächlich ist der Schreckhahn nicht ganz so gefährlich: Er kann zwar Menschen töten, tut das aber auf herkömmliche Weise – mit einem giftigen Biss.

SCHRECKHAHN

Aveterror Lapidaris

LEBENSRAUM: Wüsten und Brachen, haust in Höhlen

REGION: Südeuropa und Nordafrika

MERKMALE: schuppiger, reptilienartiger Körper, lederne Flügel, Kopf und Füße wie bei einem Hahn, knochiger Kamm, Kehllappen, Giftzähne, übel riechender Atem

GRÖẞE: ähnlich einem Puter oder einer Gans

NAHRUNG: Der Schreckhahn frisst alles, was ihm begegnet.

VERHALTEN: Der Sage nach müssen Schreckhuhneier von Kröten ausgebrütet werden. Forscher der GzSmT glauben jedoch, dass Schreckhühner wie Kuckucke ihre Eier in das Nest ahnungsloser Vögel legen. Ist das Schreckhahnküken geschlüpft, frisst es die anderen Vogelbabys und deren Eltern.

WOLPERTINGER

Lepus alatus

Reibt man den Speichel des Wolpertingers in die Haut ein, regt er das Haarwachstum an. Doch sollte man diese hochwirksame Substanz nur in Maßen verwenden, damit kein Unglück geschieht! (Ein Mitglied der GzSmT mit Glatze nahm einmal zu viel davon und sieht nun aus wie ein Yeti.)

Man könnte meinen, dass dieser bizarr aussehende geflügelte Hase nichts als eine erfundene Attraktion für Touristen sei. In bayerischen Gasthäusern und Jagdhütten hängen viele ausgestopfte Tiere, die an Wolpertinger erinnern, aber es handelt sich durchweg um Fälschungen. Die GzSmT kann allerdings bestätigen, dass die seltsamen Wesen (Verwandte der Schakalope in Nordamerika) tatsächlich existieren.

LEBENSRAUM: Dichte Bergwälder

REGION: Bayern

MERKMALE: hasenähnlicher Körper, gefiederte Flügel, Geweih, scharfe Nagezähne zum Abnagen von Rinde und fester Vegetation. Wenn er bedroht wird, besprüht der Wolpertinger seine Feinde mit einem stinkenden Sekret aus seinem Hinterteil.

GRÖẞE: bis zu 50 Zentimeter Länge

NAHRUNG: Gräser, Zweige, Baumrinde

VERHALTEN: Die schwer aufzuspürende Kreatur ist nachtaktiv und gibt ein furchterregendes Heulen von sich, während sie durch die Wälder springt. Der gehörnte Hase verteidigt sein Revier mit erstaunlicher Aggressivität. Seine Flügel haben sich mit der Zeit zurückgebildet: Früher konnten Wolpertinger fliegen, heute leben sie ausschließlich am Boden.

TROLL

Homunculus cuniculofodens

Trolle sind die wohl am häufigsten missverstandenen magischen Wesen dieser Welt. Sie gelten als tölpelhaft und dumm, sind bekannt für ihre unbeholfene Kraft und ihr begrenztes Denkvermögen. Einige Geschichten behaupten sogar, Trolle würden Menschen entführen und aufessen! Dabei sind diese freundlichen Wesen, die sehr behände Tunnel und Höhlen graben, ganz und gar nicht gefährlich. Sie spielen sogar eine wichtige Rolle dabei, Ökosysteme zu erhalten.

LEBENSRAUM: unterirdische Höhlen

REGION: Skandinavien, Island sowie die Shetland- und Orkneyinseln

MERKMALE: Trolle sind kleine, rundliche, menschenähnliche Wesen mit dickem Bauch, großen Händen und Füßen und einem borstigen Fell.

GRÖßE: etwa 30 Zentimeter

NAHRUNG: Wurzeln, Nüsse, Beeren und Insekten

VERHALTEN: Die sozialen Wesen leben in unterirdischen Kolonien in miteinander verbundenen Höhlensystemen. Menschen gegenüber sind sie misstrauisch und suchen sich möglichst unbesiedelte Gegenden als Lebensraum. Trolle sind nachtaktiv und verlassen ihren Bau nur nach Einbruch der Dunkelheit.

Trolle haben große Hände mit Krallen, die sich perfekt zum Graben eignen. Genau wie Maulwürfe haben sie einen zusätzlichen Vordaumen an jeder Hand (genannt „Präpollex"), der ihnen beim Buddeln hilft.

PRÄPOLLEX

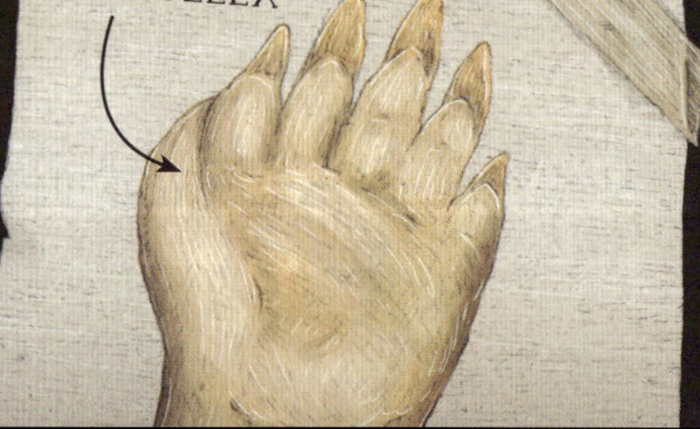

Die Eingänge zu den Tunneln der Trolle sind üblicherweise durch Felsbrocken verdeckt, die bei Einbruch der Nacht beiseite gerollt werden.

GESUNDER BODEN, GESUNDES ÖKOSYSTEM

Ein Ökosystem ist eine Gemeinschaft von Lebewesen, die am selben Ort existieren und miteinander verbunden sind: Jedes Mitglied spielt eine bestimmte Rolle – alle sind aufeinander angewiesen, um zu überleben. Aufgabe der Trolle ist es, den Boden gesund zu halten. Wenn sie ihre Tunnel und Höhlen graben, durchlüften sie die Erde. So können Pflanzen gedeihen, von denen sich wiederum Insekten ernähren. Außerdem verbessern die Tunnel die Entwässerung, was Steinrutsch und Überschwemmungen vorbeugt.

BERGTROLLE

In skandinavischen Mythen gibt es zwei Arten von Trollen: kleine Trolle, die unter der Erde leben, und riesige Bergtrolle. Die Riesen gelten als brutale Geschöpfe, die unter Brücken lauern, Wanderer erschrecken und vorbeilaufende Bergziegen verschlingen. Der Sage nach werden Bergtrolle zu Stein, wenn ein Sonnenstrahl sie trifft. Bei vielen seltsam aussehenden Felsformationen in Nordeuropa könnte es sich um solche versteinerten Trolle handeln. Die GzSmT kann zwar die Existenz der kleinen Trolle bestätigen, doch für Bergtrolle konnte kein Nachweis erbracht werden. Gut möglich, dass sie längst ausgestorben sind und nur noch in Sagen und Mythen existieren.

Ihr Höhlenlabyrinth beleuchten sie mithilfe von Glühwürmchen, die an der Decke hängen.

Im Winter halten Trolle Winterschlaf. Dabei verlangsamen sie ihre Körperfunktionen, bis sie fast zum Stillstand kommen. So sparen sie Energie, um die langen kalten Monate zu überleben.

LEBENSRAUM: felsige Bergkuppen

REGION: Pyrenäen und umliegende Regionen

MERKMALE: Kopf und Vorderbeine eines großen Adlers, Rumpf und Hinterbeine eines Pferdes, grau marmoriertes Gefieder zur Tarnung zwischen zerklüfteten Felsen

GRÖßE: etwa 1,50 Meter

NAHRUNG: Vögel und kleine Säugetiere

VERHALTEN: Mit seinem scharfen Schnabel und seinen starken Krallen kann der Hippogreif schwere Verletzungen verursachen. Er meidet Städte und Dörfer, reißt aber gelegentlich kleinere Schafe, die an Berghängen grasen.

Die Wissenschaft hat noch keine Erklärung dafür, wie es dem Hippogreif trotz seines kräftigen Körperbaus gelingt, zu fliegen: Die Flügelspannweite reicht theoretisch nicht für sein Gewicht aus. Vielleicht macht eine besondere Substanz im Inneren seiner Knochen das Unmögliche möglich.

27. Juni 1927, Céret, Roussillon, Frankreich

Heute bin ich zum ersten Mal einem echten magischen Wesen begegnet! Am Morgen machten wir uns auf die Suche nach einem Hippogreif, den Dimi bereits mehrfach gesichtet hatte. Wir folgten einem Trampelpfad im Schatten einer verfallenen mittelalterlichen Festung weit hinauf in die Hügel. Schließlich fanden wir auf einem von Krallen zerkratzten Felsvorsprung den Nistplatz. Dimi hielt ein Stück rohes Fleisch empor, um den Hippogreif anzulocken. Ganz genau konnte ich ihn nicht sehen, da wir als Zeichen des Respekts unsere Augen gesenkt hielten. Aber ich spürte deutlich die Pracht und Stärke des Tiers. Nachdem es unsere Gabe verspeist hatte, zogen wir uns still und leise zurück. (Ich hatte heimlich gehofft, auf seinem Rücken fliegen zu können, aber das stand außer Frage.)

HIPPOGREIF

Equus gryphus

Der Hippogreif ist ein majestätisches, geflügeltes Tier mit dem Vorderteil eines Greifs (siehe S. 47) und dem Hinterteil eines Pferdes, das trotz seiner beeindruckenden Größe erstaunlich schnell fliegen kann. Die Geschöpfe werden oft in alten französischen Sagen erwähnt – als Reittiere mutiger Zauberer und edler Ritter. Ich persönlich musste hingegen in mehreren erfolglosen Versuchen feststellen, dass sich Hippogreife keineswegs zähmen lassen.

CŴN ANNWN

Canis albus

In manchen Nächten streift ein geisterhaftes Rudel weißer Hunde durch das Hochland von Wales, um die Seelen der Verstorbenen in die Anderswelt, das Reich der Geister, zu geleiten.

Wer das Heulen der Cŵn Annwn (ausgesprochen: „Kuhn-Anuhn") hört oder einen Blick in ihre blutroten Augen wirft, den erwartet angeblich ein baldiger Tod. Die GzSmT hält solche Geschichten für unglaubwürdig, kann aber nächtliche Sichtungen von weißen Hunden in den walisischen Bergen bestätigen.

LEBENSRAUM: Hügel und Berge

REGION: Britische Inseln

MERKMALE: Mit weißem Fell, roten Ohren und roten Augen weisen die Hunde alle Merkmale des Albinismus auf: Sie haben keine Farbpigmente in Haut, Fell oder Augen. Da die Iris nicht pigmentiert ist, sind die Blutgefäße dahinter sichtbar, sodass die Augen rot erscheinen.

GRÖSSE: wie ein großer Hund

NAHRUNG: Nagetiere, Vögel und Rehkitze

VERHALTEN: Da sie auf helles Licht empfindlich reagieren, sind die Cŵn Annwn nachtaktiv. Aus der Ferne klingt ihr Bellen wie Gänsegeschnatter.

BEHEMOTH

Mammuthus monstrosus

Der Behemoth ist ein gigantisches Mammut, das in den schneebedeckten Wäldern des hohen Nordens beheimatet ist. Anders als die am Ende der letzten Eiszeit ausgestorbenen Vorfahren überlebte diese Mammut-Art, indem sie ihre Ernährung von Gräsern auf ganze Bäume umstellte. Ihr Name leitet sich vom hebräischen Wort b'hemoth für „großes Tier" ab.

LEBENSRAUM: Taiga oder boreale Wälder

REGION: Sibirien, Nordeuropa und Nordamerika

MERKMALE: dickes, zotteliges Fell und enorme Stoßzähne, die Bäume entwurzeln können

GRÖSSE: bis zu 20 Meter Schulterhöhe

NAHRUNG: Nadelbäume, einschließlich der Stämme und Wurzeln

VERHALTEN: Trotz seiner furchteinflößenden Größe hat der Behemoth ein sehr sanftes Wesen, außer er muss sich gegen Jäger verteidigen.

Langhalsige Seeschlange

Serpens longicollis

Das berühmteste Exemplar dieser weltweit verbreiteten Seeschlangen ist das Monster von Loch Ness in Schottland. Wahrscheinlich lebt dort nicht eine einzige „Nessie“, sondern eine ganze Familie scheuer Seeungeheuer. Eventuell stammen die Tiere von prähistorischen Reptilien ab, den Plesiosauriern, die in Binnenseen zurückblieben, als der Meeresspiegel sank. Auch im schwedischen See Storsjön wurde bereits eine solche Langhalsige Seeschlange gesichtet, ebenso wie im kalifornischen Lake Tahoe (die Einheimischen nennen sie liebevoll „Tessie“).

LEBENSRAUM: tiefe Gletscherseen

REGION: weltweit, außer in der Antarktis

MERKMALE: runder Körper mit paddelartigen Flossen, langer, biegsamer Hals, fleckige Haut, die zur Tarnung mit Algen bedeckt ist

GRÖẞE: bis zu 12 Meter Länge

NAHRUNG: Fisch

VERHALTEN: Die Schlangen leben unter Wasser, müssen aber einmal pro Stunde auftauchen, um Luft zu holen. (In diesen Momenten kann sie ein scharfsichtiger Beobachter erspähen.).

14. Juli 1927, Loch Ness, Schottland

Wir sind in Schottland, um Nessie zu suchen! Dimi hatte eine brillante Idee, um sie aufzuspüren: Ich flog in Schleifen ganz dicht über der Wasseroberfläche des 36 Kilometer langen Sees, während Dimi Stücke von Aalen als Köder ins Wasser warf. Es funktionierte! Schon nach wenigen Minuten sahen wir einen grauen Kopf, gefolgt von einem langen Hals. Das Wesen drehte sich gemächlich im Wasser, zeigte uns seinen mächtigen Rumpf und eine schlanke Flosse, bevor es wieder in der Tiefe verschwand. Dummerweise hatten wir beide die Hände voll (ich mit dem Steuer, Dimi mit den glitschigen Aalen), weshalb wir kein Foto machen konnten.

WASSERNIXE

Naias germanica

Laut deutschen und skandinavischen Volksmärchen sind Nixen böswillige Gestaltwandlerinnen, die in Seen und Flüssen leben und gelegentlich menschliche Gestalt annehmen, um Menschen ins Wasser zu locken, wo sie ertrinken. Die Fähigkeit, eine andere Form anzunehmen, konnte die GzSmT jedoch bislang nicht belegen.

LEBENSRAUM: Tümpel, Flüsse und Wasserfälle

REGION: Deutschland und Skandinavien

MERKMALE: schleimige, fleckige Haut, die immer feucht gehalten werden muss, kräftige, froschähnliche Beine, Schwimmhäute an Händen und Füßen, seegrasartiges Haar zur Tarnung

GRÖẞE: bis zu 1 Meter Länge

NAHRUNG: Süßwasserfische und Wasservögel

VERHALTEN: Wassernixen können sich auch an Land fortbewegen, halten sich aber bevorzugt im Wasser auf. Ihr Rufen hat einen trällernden, melodischen Klang.

Nahe Verwandte des Kelpie sind das Ceffyl dŵr aus Wales und das Cheval Bayard aus Frankreich.

KELPIE

Hippocampus caledonius

Wie die Wassernixe hat auch das Kelpie zu Unrecht einen schlechten Ruf. Laut Mythos lockt dieses Wasserpferd seine Beute an, indem es an den Ufern schottischer Seen und Flüsse entlang trottet und Menschen einlädt, auf ihm zu reiten. Lässt sich ein Reiter locken, galoppiert das Tier mit ihm ins Wasser und frisst sein Opfer auf. Forscher der GzSmT haben jedoch bewiesen, dass Kelpies extrem scheu gegenüber Menschen sind und sich ausschließlich von Fisch ernähren.

LEBENSRAUM: Seen, Flüsse und Sümpfe

REGION: Schottland

MERKMALE: durchnässtes, zerzaustes Erscheinungsbild, verfilzte Mähne und Schweif voller Wasserpflanzen. Die Augen scheinen im Dunkeln zu leuchten.

GRÖẞE: etwa 1,50 Meter

NAHRUNG: Hecht, Barsch und andere Süßwasserfische

VERHALTEN: Kelpies hört man oft kurz vor einem Gewitter heulen.

BAUMWESEN

Colossus arborescens

Schau dir beim nächsten Waldspaziergang die Bäume um dich herum genau an: Vielleicht entdeckst du zwischen den Rillen und Astlöchern in der Borke freundliche Augen und knollige Nasen – das sind die knorrigen Gesichter der Baumwesen. Die weisen, uralten Geschöpfe wachen seit Jahrhunderten über den Wald.

WALD-FAMILIEN

Jedes Baumwesen ist mit seinen Nachbarn durch ein System unterirdischer Wurzeln verbunden. Wenn ein Baumwesen leidet - aufgrund von Krankheit, Axthieben oder Feuer -, spürt die ganze Gemeinschaft den Schmerz. Durch ihr unterirdisches Netzwerk können die sanften Riesen Nährstoffe mit geschwächten Nachbarn teilen oder Alarmsignale aussenden, um sich gegenseitig vor nahenden Gefahren zu warnen.

Um Menschen zu verscheuchen, die den Waldbewohnern schaden wollen, können die Baumwesen stöhnen, heulen und um sich schlagen.

Wie viele gewöhnliche Bäume auch, werfen die Baumwesen im Herbst ihre Blätter ab, um Energie zu sparen und sich vor der Kälte zu schützen. Die Blätter würden sonst durch den Frost Schaden nehmen.

URALTE WÄCHTER

Diese mächtigen Geschöpfe werden oft mehrere Hundert Jahre alt. Das Alter eines Baumwesens lässt sich am Umfang seines Stamms ablesen. Im Durchschnitt wächst er etwa zwei Zentimeter pro Jahr. Wenn du also den Umfang misst und durch zwei teilst, erhältst du das ungefähre Alter des Baumwesens. Sei bei der Messung unbedingt leise und respektvoll – manche empfinden diese Prozedur als würdelos. (Einige sind sogar ziemlich kitzlig.)

Ein einziger Baum bietet oft Dutzenden unterschiedlichen Lebewesen Schutz, von kleinen Säugetieren bis zu Vögeln und Insekten.

LEBENSRAUM: Wald

REGION: weltweit, außer in der Antarktis

MERKMALE: dicke, furchige Haut, verzweigte Arme, in der Borke verstecktes Gesicht, starke Wurzeln

GRÖßE: variiert je nach Alter und Spezies

NAHRUNG: Baumwesen haben Münder, nutzen diese aber nicht zur Nahrungsaufnahme. Stattdessen saugen ihre Wurzeln Wasser und Nährstoffe aus dem Boden.

VERHALTEN: Baumwesen sind eine Mischung aus Pflanze und Tier: Sie teilen viele Eigenschaften mit Bäumen, können mit ihren Gesichtern aber alles sehen und hören, was um sie herum passiert. Sie können sogar sprechen, wenn sie wollen. Das tun sie allerdings selten, das sie viel ausgefeiltere Methoden zur Verständigung beherrschen.

TIERWESEN NORDAMERIKAS

Hohe Bergketten, endlose Wälder, weite Prärien und sengend heiße Wüsten: Nordamerika bietet magischen Tierwesen eine unglaubliche Vielfalt an Lebensräumen. Einige der hier heimischen Wesen sind sanftmütig, andere gefährlich, aber alle sind sie schützenswert.

AMAROK

Lupus magnus

Die Inuit in Alaska, Kanada und Grönland fürchten den Amarok als einen riesigen Wolf, der durch die verlassenen Gegenden des hohen Nordens streift und jeden angreift, der sich nach Einbruch der Dunkelheit allein nach draußen wagt.

LEBENSRAUM: Tundra und borealer Nadelwald

REGION: Alaska und Nordkanada

MERKMALE: viel größer als ein normaler Wolf. Geruchssinn und Sehvermögen sind exzellent ausgebildet – so spürt der Amarok nachts seine Beute auf.

GRÖẞE: bis zu 2 Meter Länge

NAHRUNG: meistens Karibus und Moschusochsen

VERHALTEN: Anders als andere Wölfe ist der Amarok ein Einzelgänger, der allein jagt. Man erkennt ihn an den Abdrücken seiner riesigen Pfoten.

LEBENSRAUM: Kiefernwälder

REGION: New Jersey und angrenzende Regionen

MERKMALE: lederne Fledermausflügel, pelziger Körper, lange Hinterbeine, Hörner, durchdringender Schrei

GRÖẞE: etwas über einen Meter

NAHRUNG: Allesfresser

VERHALTEN: Die Teufel sind scheue Geschöpfe, die Menschen normalerweise meiden. Doch wenn Nahrung knapp ist, verlassen sie manchmal ihren Lebensraum im Wald und überfallen menschliche Siedlungen.

TOMMYKNOCKER

Gobalus troglodytes

Die Tommyknocker sind kleine, koboldartige Geschöpfe, die unterirdisch in Höhlen und Minen leben. Erzählungen von Bergleuten zufolge hämmern sie manchmal an die Wände, um vor drohender Gefahr zu warnen, wenn ein Stollen einzustürzen droht oder sich giftige Gase sammeln. Angeblich leiten sie Bergleute manchmal sogar zu wertvollen Erzen, doch mitunter treiben sie auch Schabernack und stehlen Nahrung oder Werkzeuge.

LEBENSRAUM: Höhlen und Minen

REGION: verschiedene Gegenden in den USA, u. a. Pennsylvania, Colorado, Nevada und Kalifornien. Verwandte Geschöpfe leben in Großbritannien und Deutschland.

MERKMALE: grünliche Haut mit Warzen, Fledermausohren, Schwimmhäute

GRÖẞE: weniger als 1 Meter groß

NAHRUNG: Spinnen, Frösche, Salamander sowie mitgebrachtes Essen von Bergleuten

VERHALTEN: Ihre großen Ohren sind sehr geräuschempfindlich, deshalb mögen sie kein hohes Pfeifen. Pfeifende Bergleute bewerfen sie oft mit Kieselsteinen.

2. August 1927, Freetown, Massachusetts, USA

Wir kommen gerade aus dem Wald, wo wir Pukwudgies beobachtet haben. Wir hatten ein Zelt aufgeschlagen und mit Ästen und Blättern getarnt. Es war warm und eng, und Dimi war jedes Mal empört, wenn ich niesen musste (Pollen!), aber schließlich zahlte sich unsere Geduld aus und wir entdeckten zwei kleine Pukwudgies, die nach Pilzen suchten.

TEUFEL VON NEW JERSEY

Vespertilio diabolicus

Im Januar 1909 behaupteten einige Hundert Menschen aus New Jersey und Pennsylvania, dieses seltsame geflügelte Wesen gesehen zu haben.

Es kam zu einer Massenpanik. Viele Leute trauten sich nicht mehr aus dem Haus. Schulen wurden geschlossen, weil nicht genügend Schüler zum Unterricht erschienen.

Der Zoo von Philadelphia schrieb eine Belohnung von 10.000 Dollar für den Teufel von New Jersey aus.

Seit rund 250 Jahren erzählt man sich Geschichten über dieses bizarre Mischwesen. Viele Details scheinen übertrieben, aber die GzSmT geht davon aus, dass an der Ostküste der USA tatsächlich eine Spezies langbeiniger, geflügelter Wesen lebt.

PUKWUDGIE

Homunculus silvaticus

Seit Hunderten von Jahren wissen die Lenape und Wampanoag im Osten der USA von geheimnisvollen Geschöpfen tief in den Wäldern, die sie „Packwadsch-inini“ getauft haben, was so viel bedeutet wie „kleiner wilder Mann im Wald, der verschwindet“. Bis heute wird diskutiert, ob sich die Wesen tatsächlich unsichtbar machen können oder bloß Meister der Tarnung sind.

LEBENSRAUM: Wald

REGION: Nordosten der USA

MERKMALE: kleine Wesen mit großen Ohren, dichtem, verfilzten Haar mit Blättern und Zweigen darin, Stacheln zur Verteidigung wie bei einem Igel oder Stachelschwein

GRÖẞE: reichen einem Menschen bis ans Knie

NAHRUNG: Insekten, Regenwürmer und Pilze

VERHALTEN: Wenn ein Pukwudgie spürt, dass sich ein Eindringling nähert, versteckt er sich hinter einem Baum oder im Dickicht und verschmilzt geschickt mit seiner Umgebung.

GEHÖRNTES SEEUNGEHEUER

Serpens cornutus

Die GzSmT hat zwei verschiedene Arten schlangenartiger Wesen katalogisiert, die in Süßwasserseen leben: die Langhalsige Seeschlange (siehe S. 16) und das Gehörnte Seeungeheuer. Die erste Variante ist weltweit verbreitet, während das Gehörnte Seeungeheuer allein in Nordamerika zu finden ist.

Seit vielen Jahrhunderten wissen die indigenen Völker von den gehörnten Schlangen in den großen Gewässern ihrer Region. Sie bevölkern zuhauf ihre Geschichten: von der mächtigen Uktena aus den Mythen der Cherokee bis zur Riesenschlange Gitaskog, die im Lake Champlain lauern soll. In den Legenden werden diesen Geschöpfen oft magische Fähigkeiten zugeschrieben wie Hypnose oder Gestaltwandlung. Diese Theorien müssen allerdings noch eingehender geprüft werden.

25. August 1927, Ontariosee, USA

Kaum hatten wir unser Hotel in Rochester bezogen, packte Dimitros seine Ausrüstung zusammen und machte sich auf den Weg zum Seeufer. Er wollte versuchen, mithilfe einer traditionellen Methode der indigenen Völker Kontakt zu einem Gehörnten Seeungeheuer aufzunehmen. Bei dieser gefährlichen Methode benutzt man eine Rassel und frisch geschnittene Sumachstängel als Lockmittel. Angeblich lässt sich das Seeungeheuer durch das Futter ablenken, während man ein wenig von seinen Hörnern abraspelt. Die Späne gelten als wertvolle Medizin. Ich bin froh, dass Dimitros die Raspel heute aus dem Spiel ließ, er hat nur einige Fotos gemacht (und kam zum Glück heil zurück).

Das Gehörnte Seeungeheuer kann seinen Kiefer ausrenken, um große Beutetiere zu verschlingen.

LEBENSRAUM: große Binnenseen

REGION: Nordamerika

MERKMALE: schlangenartiger Körper mit Stachelkamm und schillernden Schuppen. Männchen und Weibchen tragen Hörner (die der Männchen sind stärker ausgeprägt).

GRÖSSE: bis zu 15 Meter Länge

NAHRUNG: Gehörnte Seeungeheuer ernähren sich vor allem von Lachsen, aber sie erlegen auch Biber und schnappen sich sogar Bären vom Ufer des Sees.

VERHALTEN: Große Beutetiere werden mit dem Maul festgehalten, während das Ungeheuer seinen Körper um das Opfer herumwickelt, um es zu ersticken.

IRRLICHT

Ignis fatuus

Irrlichter, auch Irrwische genannt, erscheinen als geisterhafte Lichter, die über Sümpfen und Mooren schweben. Der Sage nach handelt es sich um boshafte kleine Elfen, die Wanderer vorsätzlich in den Morast locken, moderne Wissenschaftler hingegen halten sie für entzündetes Sumpfgas. In Wirklichkeit ist das Irrlicht weder eine Elfe noch eine Gaskugel, sondern ein kleiner leuchtender Vogel.

LEBENSRAUM: Sümpfe und Feuchtgebiete

REGION: Nord- und Südamerika, Europa, Asien, Australien. In Nordamerika leben sie hauptsächlich in Michigan, Missouri, Oklahoma und der kanadischen Provinz Saskatchewan.

MERKMALE: Irrlichter sind winzige, in Sümpfen lebende, nachtaktive Vögel, deren Flügel übersät sind mit Organen, die Licht erzeugen. Dank ihrer schnell flatternden Flügel wirken sie nachts aus der Ferne wie leuchtende Kugeln.

GRÖẞE: etwa 10 Zentimeter Flügelspannweite

NAHRUNG: kleine Insekten und Blütennektar

VERHALTEN: Irrlichter trinken mit ihrem langen, schmalen Schnabel den Nektar nächtlich blühender Blumen wie Engelstrompete und Nachtkerze. Sie sind sehr scheu und ahnen sicher nicht, dass sie mit ihrem Licht Menschen in die Irre führen.

MISHIPESHU

Felis aquatica

Katzen gelten als wasserscheu – nicht so der Mishepishu, ganz im Gegenteil! Seit Jahrhunderten erzählen sich die Anishinaabe Geschichten über dieses geheimnisvolle Wassertier. Der Sage nach besitzt es die magische Fähigkeit, Stürme heraufzubeschwören, allerdings hat die GzSmT dieses fantastische Detail noch nicht bestätigen können.

LEBENSRAUM: Seen und Flüsse, versteckt in felsigen Höhlen am Ufer

REGION: die Großen Seen Nordamerikas, insbesondere Lake Superior

MERKMALE: katzenartiger Kopf mit Hörnern, Schwimmhäute an den Pfoten, langer Schwanz, schuppiges Fell, bedrohliche Stacheln auf dem Rücken

GRÖẞE: etwa 2 Meter Länge (ohne Schwanz)

NAHRUNG: Fische und Wasservögel

VERHALTEN: Der Sage nach wacht der Mishepishu über die Kupfervorkommen der Region. Es gibt Berichte über Schiffe, die Kupfer transportierten und in einem Sturm kenterten, den das wütende Katzenwesen ausgelöst hatte.

STEINRIESE

Colossus saxeus

Die nicht allzu intelligenten Riesen leben in den unwirtlichen Wäldern und Bergen im Nordosten der USA. Ihre Haut besteht aus knöchernen Platten, die an ein Gürteltier erinnern und aussehen, als wären sie aus Stein. Irokesen und Abenaki fürchten diese aggressiven Menschenfresser seit Generationen.

LEBENSRAUM: felsige Höhlen

REGION: Nordosten der USA und Südosten Kanadas

MERKMALE: Schutzpanzer aus harten, knöchernen Platten. Auf Rücken und Schultern wachsen manchmal Moose und Flechten.

GRÖßE: doppelt so groß wie ein erwachsener Mensch

NAHRUNG: Die Riesen ernähren sich vor allem von Hirschen und manchmal von Bären, aber ihre Lieblingsspeise sind Menschen.

VERHALTEN: Um Menschen zu erlegen, bewerfen die Steinriesen sie mit Felsbrocken und reißen ihnen dann den Kopf ab. Wer vor ihnen flieht, sollte einen Bach überqueren (sie sind wasserscheu) oder auf einen Baum klettern (wegen ihrer starren Hälse können sie nicht nach oben schauen).

LEBENSRAUM: boreale Nadelwälder

REGION: Südwest-Alaska, vor allem rund um den Iliamna-See

MERKMALE: langes, zotteliges Fell, baumelnde Arme, Licht reflektierende Augen (wie bei Katzen), um im Dunkeln besser sehen zu können

GRÖßE: bis zu 2 Meter

NAHRUNG: Waldvögel und kleine Säugetiere

VERHALTEN: Den Ruf des Urayuli, der oft in der Dämmerung erklingt, kann man leicht mit dem Schnarren des Haubentauchers verwechseln.

URAYULI

Simius hirsutus

In den schneebedeckten Wäldern im Südwesten Alaskas lebt ein zurückgezogenes, zottelhaariges Wesen, das die Yupik Urayuli getauft haben. Urayulis sind sanftmütig, halten sich tagsüber versteckt und meiden Menschen, wann immer es geht. Diese Einzelgänger sind eng mit dem Sasquatch (siehe rechts) verwandt, haben aber ein dickeres Fell und längere Arme, die ihnen bis zu den Füßen reichen.

SASQUATCH

Simius magnus

Der Sasquatch, auch Bigfoot genannt, ist ein riesiges, affenähnliches Wesen, das immer wieder in den abgelegenen Wäldern im Nordwesten der USA gesichtet wird. Der Name stammt aus der Sprache der Chehalis und bedeutet „haariger Mann“. Auf der ganzen Welt erzählt man sich Geschichten von solchen geheimnisvollen, haarigen Wesen, vom Yeren in China über den Yowie in Australien bis zum Yeti im Himalaya (siehe S. 46). Auch wenn manche die Existenz dieser Geschöpfe anzweifeln, kann ich bestätigen, dass es den Sasquatch tatsächlich gibt – samt Bissspuren als Beweis!

LEBENSRAUM: dichte Wälder

REGION: vor allem im Nordwesten der USA

MERKMALE: muskulöser Körper, breite Schultern, dichtes, braunes Fell, große Hände und Füße

GRÖßE: etwa 2 Meter

NAHRUNG: Nüsse, Früchte und kleine Tiere

VERHALTEN: Er geht aufrecht auf zwei Beinen und leicht vornüber gebeugt, verbreitet einen abschreckenden stinktierähnlichen Geruch und kommuniziert mittels Gebrüll und Klopfen an Baumstämme.

Felszeichnungen im Reservat Tule River in Kalifornien zeigen große, haarige Gestalten. Vermutlich sind sie über 1000 Jahre alt.

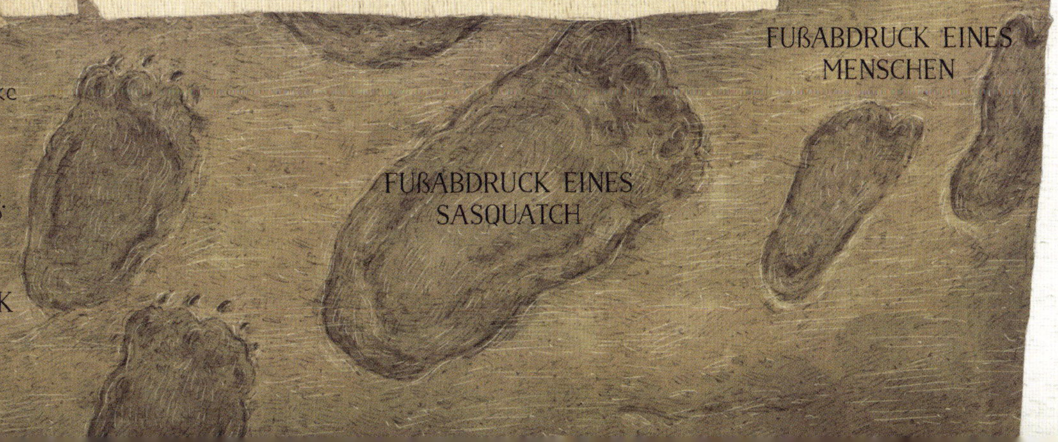

Die Fußabdrücke des Sasquatch sind bis zu 45 Zentimeter lang.

9. September 1927, Bluff Creek, Kalifornien, USA

Wir haben drei Tage lang in der Nähe des Klamanth River gezeltet und sind über bewaldete Berghänge und durch felsige Täler gewandert. Gleich am ersten Tag entdeckten wir riesige Fußabdrücke, gestern fanden wir auf dem Waldboden ein großes Nest aus Blättern und Ästen. Heute Nachmittag haben wir endlich einen Sasquatch gesehen: ein riesiges, haariges Wesen, das am anderen Flussufer durch die Bäume streunte und mit den Armen schlenkerte. Ich hätte mich ihm gerne noch weiter genähert, aber Dimi war froh, dass er ihn aus sicherer Entfernung beobachten konnte.

In Tombstone, Arizona, erzählt man sich, dass dort Ende des 19. Jahrhunderts zwei Cowboys einen monströsen Vogel mit 11 Meter Flügelspannweite töteten. Angeblich hat man das Tier damals für die Zeitung The Tombstone Epitaph fotografiert, doch leider ist der Zeitungsartikel unauffindbar verloren.

DONNERVOGEL

Avis tonitrorum

Nach den Lehren mehrerer indigener Völker ist der Donnervogel ein mächtiger Geist, dessen Flügelschläge Donner auslösen und dessen Augen Blitze schleudern können. Die GzSmT hat viele Sichtungen einer Spezies riesiger Vögel im Westen der USA dokumentiert, die nach dem heiligen Donnervogel der indianischen Sagen benannt wurde.

LEBENSRAUM: hoch in den Bergen

REGION: Westen der USA, vor allem in den Rocky Mountains und der Sierra Nevada. (Der verwandte Impundulu lebt im Süden von Afrika, siehe S. 52.)

MERKMALE: schwarz-weißes Gefieder, Kopfkamm, hakenförmiger Schnabel, scharfe Krallen

GRÖẞE: bis zu 6 Meter Flügelspannweite

NAHRUNG: Hirsche, Schafe und Bergziegen

VERHALTEN: Wie andere Vögel besitzt der Donnervogel ein empfindliches Organ in seinen Ohren, das Wetterveränderungen wahrnimmt. Zieht ein Gewitter auf, verlässt er die Berggipfel und begibt sich in tiefere Lagen, um den Auftrieb der Winde, die dem Unwetter vorausgehen, zu nutzen. Daher zeigt er sich Beobachtern meist direkt vor einem Gewitter.

Wenn er seine Beute jagt, lässt sich der Donnervogel von aufsteigenden warmen Luftsäulen emportragen, die in den Bergen häufig vorkommen. So spart er Energie – er kann die Landschaft nach Nahrung absuchen, ohne mit den Flügeln zu schlagen. Hat er ein Opfer erspäht, klappt er seine Flügel ein und stürzt sich hinab auf die Beute.

(Anmerkung des Verlags)
Achtung: Die Färbung der Reifenschlange ähnelt der extrem giftigen Arizona-Korallenotter. Niemals berühren!

REIFENSCHLANGE

Vipera rotunda

Beim Verfolgen ihrer Beute schlängelt sich diese Schlange nicht wie ihre Verwandten über den Boden, sondern rollt ihren Körper in Form eines Reifens zusammen, um schnell wie ein Wagenrad durch die Gegend zu sausen. Im letzten Moment streckt sich die Schlange wieder und sticht ihr Opfer mit dem giftigen Widerhaken an ihrem Schwanz.

Die tödliche Reifenschlange ist ähnlich gemustert wie die harmlose Dreiecksnatter, doch die Reihenfolge der farbigen Bänder ist anders. Um sich zu merken, welches die giftige Variante ist, helfen sich die Forscher der GzSmT mit diesem Reim: „Weiß-schwarz-weiß-rot, gleich bist du tot."

DREIECKSNATTER

REIFENSCHLANGE

LEBENSRAUM: Kiefernwälder und Prärie

REGION: Wisconsin und Minnesota

MERKMALE: abwechselnd rot, weiß und schwarz gestreift, Widerhaken am Ende des Schwanzes, mit dem Gift injiziert wird

GRÖSSE: bis zu 3 Meter Länge

NAHRUNG: Säugetiere verschiedener Größe

VERHALTEN: Ist sie einmal losgerollt, kann eine Reifenschlange nur schwer die Richtung ändern. Daher kann man jedem, der von ihr verfolgt wird, nur raten, wilde Haken zu schlagen – oder bergauf zu fliehen.

WAMPUSKATZE

Felis appalachica

Seit Generationen lauschen die Bewohner der Appalachen nachts, wenn sie gemütlich um das Lagerfeuer herumsitzen, auf das markerschütternde Heulen der Wampuskatze. Die riesige Raubkatze ähnelt einem Berglöwen, geht allerdings aufrecht auf ihren Hinterbeinen. Dank dieser ungewöhnlichen Körperhaltung kann sich die Wampuskatze erstaunlich schnell fortbewegen.

Einer Sage der Cherokee zufolge war die Wampuskatze ursprünglich eine Frau, die sich das Fell eines Berglöwen überzog, um heimlich eine heilige Zeremonie zu belauschen. Sie wurde erwischt und zur Strafe von den Stammesältesten in ein Mischwesen verwandelt, dazu verflucht, bis in alle Ewigkeit die einsamen Wälder der Appalachen zu durchstreifen.

LEBENSRAUM: Bergwälder

REGION: Appalachen

MERKMALE: dichtes, hellbraunes Fell, muskulöse Beine, riesige Pfoten, auffallend gelbe Augen

GRÖSSE: knapp 2 Meter

NAHRUNG: Rehe, Waschbären, Kaninchen und andere Säugetiere

VERHALTEN: Manchmal reißt die Raubkatze nachts Vieh auf den Weiden, sehr zum Ärger der örtlichen Farmer.

TIERWESEN LATEINAMERIKAS UND DER KARIBIK

Ein großer Teil Mittel- und Südamerikas ist von dichtem Regenwald oder schwer zugänglichen Bergen bedeckt – der perfekte Lebensraum für magische Tierwesen, die nicht von Menschen behelligt werden wollen. Dieses Kapitel versammelt einige dieser außergewöhnlichen Lebewesen, doch höchstwahrscheinlich existieren viele mehr, die der GzSmT noch unbekannt sind.

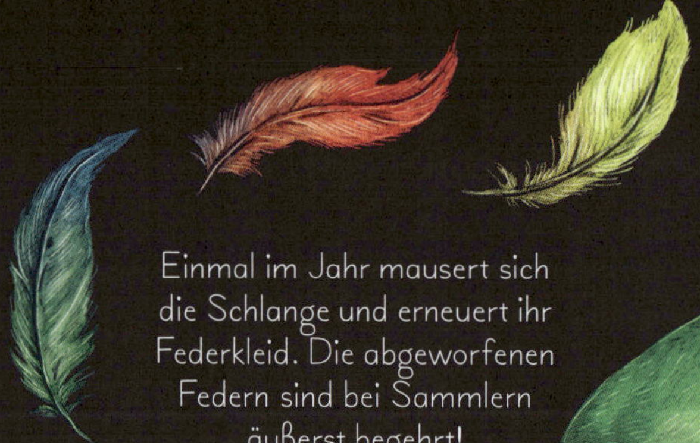

Einmal im Jahr mausert sich die Schlange und erneuert ihr Federkleid. Die abgeworfenen Federn sind bei Sammlern äußerst begehrt!

Am Kopf trägt die Schlange eine Art Halskrause aus Federn, die Geräusche Richtung Ohren leitet.

GEFIEDERTE SCHLANGE

Draco quetzalcoatl

Auf schnellen und lautlosen Schwingen schwebt die majestätisch gefiederte Schlange über den Baumkronen der Regenwälder Mexikos und Mittelamerikas. Im Laufe der Jahrhunderte hat diese Unterart der Drachen Eingang in die Mythen und Sagen der Azteken und Maya gefunden.

LEBENSRAUM: tropischer Regenwald

REGION: Mexiko, Mittelamerika und nördliche Teile Südamerikas

MERKMALE: leuchtend bunte, schillernde Federn, eine gefiederte Halskrause, stumpfe Hörner, stacheliger Rücken, schlangenförmiger Körper, Schuppen an Beinen und Bauch

GRÖẞE: 5 Meter Flügelspannweite

NAHRUNG: Dieser Räuber stürzt sich aus der Luft auf seine Beute, schnappt sich Faultiere und Affen aus den Bäumen, reißt Weißwedelhirsche, Tapire und Gürteltiere.

VERHALTEN: Die Schlange pflegt ihre Federn mit Öl aus einer Drüse unterhalb des Schwanzes. Das macht ihr Gefieder wasserdicht und unempfindlich gegenüber den starken Niederschlägen im Regenwald. Abkühlung findet sie in sogenannten Cenoten, mit Wasser gefüllten Höhlen, wie sie auf der Halbinsel Yucatan vorkommen.

URALTE GÖTTER

Es ist gut möglich, dass Sichtungen der gefiederten Schlange vor langer Zeit die Sagen der indigenen Völker inspiriert haben: Vor etwa 500 Jahren herrschten in Zentralmexiko die Azteken, in deren Mythologie ein gefiederter Schlangengott namens Quetzalcoatl als Herr der Winde auftritt. Auch die Maya, die vor mehr als 1000 Jahren im Südosten Mexikos lebten, verehrten einen mächtigen Schlangengott namens Kukulkan. Ihre kunstvollen Reliefs von gefiederten Schlangen schmücken bis heute Pyramiden und Tempel vor Ort.

MEHRZWECK-SCHWANZ

Die gespreizten Federn am Ende des Schwanzes helfen der Schlange, ihren Flug zu steuern. Die Schwanzspitze hat aber noch eine weitere Funktion: Beim Schütteln machen die hohlen, ineinandergreifenden Segmente ein rasselndes Geräusch, ähnlich wie bei einer Klapperschlange, das Harpyien und andere Raubtiere verscheucht, wenn sie den Jungtieren zu nahe kommen.

FARBENFROHE FEDERN

Männchen und Weibchen sehen so unterschiedlich aus, dass Forscher der GzSmT jahrelang glaubten, es handele sich um zwei verschiedene Arten! Die Weibchen sind grün mit gelbem Bauch, die Männchen tragen vorn an ihren Flügeln und ihrem Körper smaragdgrüne Federn und hinten blaue, violette, rote und gelbe Federn. Genau wie die Schwanzfedern eines Pfaus dient dieses spektakuläre Gefieder wahrscheinlich dazu, Weibchen anzulocken. In der Brutzeit führen Schlangenpaare kunstvolle Balztänze am Himmel auf, bei denen sie die Flugmanöver des Partners imitieren.

Wie bei vielen Raubvögeln ist das Weibchen etwas größer als das Männchen, um Nest und Brut besser vor Angriffen verteidigen zu können.

Soweit wir wissen, kann diese Drachenart, anders als ihre europäischen Verwandten, kein Feuer speien.

NESTER IN BAUMWIPFELN

Die gefiederte Schlange baut ihr Nest in etwa 25 Meter Höhe in der Hauptgabelung von Bäumen, die aus dem Kronendach des Regenwalds herausragen. Hier, unsichtbar für die Augen der Räuber am Boden, legt das Weibchen seine Eier ab. Manchmal werden ihre Nester mit denen von Harpyien verwechselt.

KARFUNKELTIER

Carbunclo luminosus

Das Karfunkeltier sieht aus wie ein kleines Gürteltier mit einem Rubin auf der Stirn und war früher im westlichen Südamerika weit verbreitet. Leider hielten die Menschen seinen roten Kopfschmuck für einen echten Edelstein und machten Jagd auf das Tier, sodass es heute beinahe ausgestorben ist.

LEBENSRAUM: unterirdische Höhlen im Grasland und in Wäldern

REGION: Chile, Argentinien, Paraguay

MERKMALE: Der Körper ist mit einem lederartigen Schutzpanzer bedeckt. Der „Rubin" auf der Stirn des Karfunkeltiers ist in Wirklichkeit ein besonderes Leuchtorgan, mit dem es Beute anlockt.

GRÖSSE: etwa 30 Zentimeter von der Nase bis zur Schwanzspitze

NAHRUNG: Insekten und Larven

VERHALTEN: Das nachtaktive Wesen verbringt den ganzen Tag unter der Erde und kommt nachts zum Fressen heraus. Bei Gefahr kann es sich zu einer gepanzerten Kugel zusammenrollen, die aussieht wie ein Felsbrocken.

PANZERKRÖTE

Bufo armatus

Diese Riesenkröte schützt sich durch eine Art großen Schildkrötenpanzer, in den sie sich bei Gefahr zurückziehen kann.

LEBENSRAUM: Gebirgsausläufer, in der Nähe von Teichen und Bächen

REGION: Anden

MERKMALE: kuppelförmiger Panzer, Schwimmhäute, lange, klebrige Zunge zum Fangen von Beutetieren, Warzen auf der Haut, die einen giftigen Schleim absondern, der Fressfeinde abschreckt

GRÖSSE: Panzer bis zu 35 Zentimeter lang

NAHRUNG: vorwiegend Insekten, aber auch kleine Feen, wenn die Kröte sie mit ihrer flinken Zunge erwischt

VERHALTEN: Zur Fortpflanzung legt das Weibchen Eier ab, die das Männchen dann unter seinem Panzer ausbrütet. Sind die Kaulquappen bereit zu schlüpfen, watet es ins flache Wasser und legt sie dort ab. Der Nachwuchs hat eine leuchtend orange Farbe, um hungrigen Fische zu signalisieren, dass sie hochgiftig sind, also keine bekömmliche Mahlzeit!

MADREMONTE

Mater silvatica

Diese Baumbewohnerin ist nach einem Waldgeist aus der kolumbianischen Folklore benannt. Der Sage nach bestraft die mit Blättern und Ranken behangene Madremonte jeden, der in ihr Reich eindringt, indem sie dafür sorgt, dass er sich hoffnungslos verläuft.

Mehrere Mottenarten leben im verfilzten Haar der Madremonte.

YACUMAMA

Serpens amazonica

In Peru erzählt man sich seit Urzeiten Geschichten über Yacumama, eine monströse Wasserschlange, die im Amazonas lebt und ganze Kanus verschlingen kann. Das Tier wird mit einem Nebenfluss des Amazonas in Verbindung gebracht, dem Shanay-timpishka („von der Sonne zum Kochen gebracht"), dessen Wassertemperatur über 80 Grad Celsius beträgt.

LEBENSRAUM: Amazonas und Nebenflüsse

REGION: Peru

MERKMALE: Mähne aus Tentakeln am Kopf (Es könnte sich dabei um Sinnesorgane handeln.)

GRÖßE: Der Legende nach kann die Schlange bis zu 45 Meter lang werden. Das größte von der GzSmT gesichtete Exemplar brachte es aber nur auf 19 Meter.

NAHRUNG: Wildschweine, Hirsche, Kaimane und Jaguare, die sie am Flussufer erbeutet

VERHALTEN: Einige Yacumamas leben im Shanay-timpishka in Peru, dessen Wasser bis zu 90 Grad Celsius heiß wird. Die meisten Lebewesen, die in diesen dampfend heißen Fluss fallen, kommen dabei um, aber die Yacumama hat sich an die extremen Temperaturen angepasst. Man vermutet, dass sie sogar Energie aus der Hitze des Wassers bezieht, wie andere Reptilien aus dem Sonnenlicht.

LEBENSRAUM: Gebirgswälder

REGION: Zentral- und Westkolumbien

MERKMALE: Die Madremonte ist eine Expertin in Sachen Tarnung. Ihr Haar ähnelt herabhängenden Ranken, und sie hat ein dichtes Fell wie ein Faultier, in dem grüne Algen wachsen, damit sie besser mit den Bäumen verschmilzt. Dank ihrer großen und starken Hände und Füße kann sie exzellent klettern.

GRÖßE: bis zu 2 Meter

NAHRUNG: Die Blätter, die die Madremonte isst, sind nicht sehr reich an Nährstoffen, deshalb spart sie Energie, indem sie sich extrem langsam bewegt.

VERHALTEN: Nachts kommuniziert die Madremonte mit Artgenossinnen in verschiedenen Regionen des Waldes. Für menschliche Ohren klingen ihre Rufe wie markerschütterndes Gejammer.

31. Oktober 1927,
Pucallpa, Peru

Heute haben wir einen außergewöhnlichen Ort besucht – und ein außergewöhnliches Wesen bestaunt. Zusammen mit unserem Führer vom Volk der Asháninka fuhren wir mit dem Kanu den Pachitea hinunter, dann ging es weiter zu Fuß durch den Dschungel. Als wir die Schlucht betraten, durch die der Shanay-timpishka fließt, umfing uns ein warmer Dampfstoß, der aus dem heißen Flusswasser aufstieg. Unser Führer befahl uns, zurückzutreten, während er eine geheime Zeremonie durchführte. Plötzlich erhob sich ein gewaltiger Kopf aus dem Wasser: Eine riesige Schlange starrte uns mit ihren bernsteinfarbenen Augen an, bevor sie langsam wieder unter der Oberfläche verschwand.

CHICKCHARNEY

Tyto paradoxa

Auf den Bahamas heißt es: Wenn man dieses seltsame Vogelwesen freundlich behandelt, bringt es einem Glück, doch wenn man sein Gelege stört, verflucht es einen. Ob das stimmt oder nicht, konnten wir bislang nicht herausfinden. Doch wir wissen, dass das Tier durchaus in der Lage ist, Angreifer zu verletzen: Wer sich seinem Nest nähert, den bespritzt es mit giftigen Ausscheidungen.

LEBENSRAUM: Tropischer Regenwald

REGION: Andros, eine Inselgruppe der Bahamas

MERKMALE: große Augen, Fell am Körper, gefiederte Flügel, drei Klauen an jeder Pranke, drei Zehen an jedem Fuß

GRÖẞE: bis zu 1 Meter Flügelspannweite

NAHRUNG: Ratten, Mäuse und Eidechsen

VERHALTEN: Die nachtaktiven Chickcharneys bauen kunstvolle Nester, indem sie Äste von den Wipfeln benachbarter Bäume verweben.

8. November 1927,
Copiapó, Chile

Wir sind in der Atacama-Wüste angekommen, einem Landstrich mit zerklüfteten Schluchten und kargen Salzebenen. Da wir nicht auf eigene Faust aufbrechen wollten, baten wir einen Bergarbeiter namens Alonso, uns die Gegend zu zeigen. Während er uns durch einen felsigen Canyon zum Eingang einer stillgelegten Goldmine führte, erzählte Alonso uns vom geheimnisvollen Alicanto. Als es dunkel wurde, tauchten über uns Tausende glitzernde Sterne auf. Und dann schoss – noch heller funkelnd als die Himmelskörper – ein goldener Blitz aus dem alten Tunnel der Mine und drehte sich wie eine Feuerwerksrakete. Stumm vor Ehrfurcht beobachteten wir den Alicanto. Der Vogel ist das schönste Tierwesen, das ich je gesehen habe.

ALICANTO

Avis aurea

Dieser schillernde Vogel ist biolumineszent, was bedeutet, dass er mithilfe von Leuchtorganen auf Flügeln und Körper sein eigenes Licht erzeugen kann. Wer den Alicanto nachts verfolgt, sollte sich vorsehen: Uns liegen Berichte über Menschen vor, die von seinem Glanz geblendet über den Rand einer Klippe gelockt wurden und in den Tod fielen.

LEBENSRAUM: Der Vogel nistet in Höhlen und Bergwerken.

REGION: Atacama-Wüste in Chile

MERKMALE: goldene Federn, auffälliger Kopfschmuck, leuchtet im Flug

GRÖßE: 50 Zentimeter Flügelspannweite

NAHRUNG: Der nachtaktive Alicanto frisst Motten, die von seinem leuchtenden Gefieder angezogen werden.

VERHALTEN: Angeblich ernähren sich die Vögel von Gold und Silber aus unterirdischen Minen. Tatsächlich hat man beobachtet, wie sie an den Wänden von Stollen und Tunneln leckten, aber vielleicht finden sie dort einfach Mineralien, die in ihrer Nahrung fehlen.

TIERWESEN AUSTRALIENS UND OZEANIENS

Australien bietet mit seinen riesigen roten Wüsten, türkisfarbenen Meeren und smaragdgrünen Wäldern eine Vielzahl wilder Landschaften, die von zahlreichen merkwürdigen Tierwesen bevölkert werden. Aber auch die Nachbarinsel Neuseeland und die weiter entfernten Südseeinseln beherbergen einige erstaunliche Geschöpfe.

BUNYIP

Bestia billabongi

Seit vielen Jahren erzählen die Australier ihren Kindern Schauergeschichten über den Bunyip, der angeblich in Bächen und Sümpfen lauert und jedes Lebewesen verschlingt, das sein Reich betritt. Dabei ist der Bunyip in Wirklichkeit ein scheues, sanftmütiges Tier, das Kontakt mit Menschen möglichst vermeidet.

Das Wort „Bunyip“ stammt aus der Sprache der Wemba-Wemba in Victoria im Südosten Australiens.

LEBENSRAUM: Bäche und Billabongs (Wasserlöcher, die zurückbleiben, wenn ein Fluss seinen Lauf ändert)

REGION: ostaustralisches Outback

MERKMALE: robbenähnliche Flossen, große Klauen, pferdeähnlicher Schweif, pelziger Körper. Die Männchen haben Stoßzähne wie ein Walross.

GRÖSSE: etwa so groß wie ein Kalb

NAHRUNG: hauptsächlich Fische und Frösche

VERHALTEN: Der Bunyip ist eine Amphibie, er kann sowohl im als auch außerhalb des Wassers atmen. Wenn er gestört wird, stößt er einen lauten Ruf aus, um seine Artgenossen zu warnen. Sein Schrei klingt ähnlich wie der einer Rohrdommel.

Im Jahr 1846 fand man in der Nähe des Murrumbidgee River in New South Wales einen merkwürdig geformten Schädel. Er galt als Beweis für die Existenz des Bunyip und wurde im folgenden Jahr im Australian Museum in Sydney ausgestellt. Einige Experten behaupteten, der Schädel stamme einfach von einem missgebildeten Fohlen oder Kalb, aber die GzSmT kennt die Wahrheit!

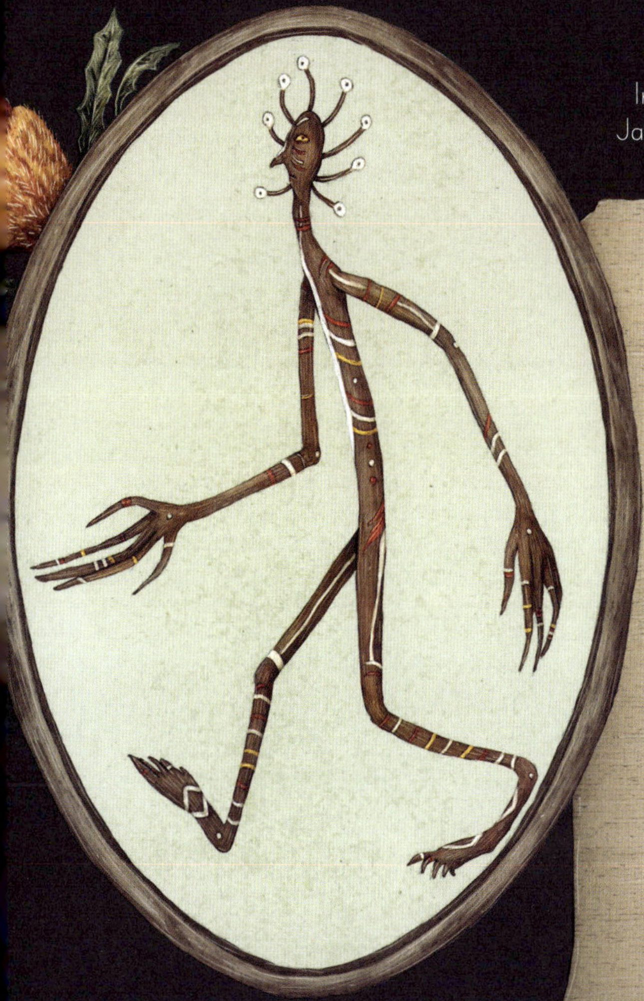

In Arnhemland existieren 40.000 Jahre alte Felsmalereien von Mimihs.

LEBENSRAUM: felsige Steilhänge

REGION: Arnhemland, Northern Territory, Australien

MERKMALE: Mimihs sind Geschöpfe mit sehr dünnen, langen Armen und Beinen, langen Hälsen und kleinen Köpfen.

GRÖẞE: bis zu 2 Meter

NAHRUNG: Yamswurzeln

VERHALTEN: Tagsüber verstecken sich die Mimihs in Felsspalten, um sich vor der Hitze der Sonne zu schützen. Erst mit Anbruch der Nacht, wenn es kühler wird, kommen sie heraus, um Nahrung zu suchen.

MIMIH

Spiritus saxorum

Die Aborigines, Australiens Ureinwohner, erzählen sich Geschichten aus der Traumzeit, einer längst vergangenen Zeit, in der Geister Pflanzen, Tiere und Menschen erschufen. Diesen Erzählungen zufolge existierten die Mimihs bereits, bevor die ersten Menschen nach Australien kamen. Sie fertigten die ersten Felsmalereien an und brachten den Menschen bei, wie man zeichnet, jagt und kocht.

FALLBÄR

Phascolarctos vampirus

Wer im australischen Busch unterwegs ist, sollte sich vor dem Fallbär in Acht nehmen! Dieses Beuteltier ist eng mit dem Koala verwandt, aber statt Eukalyptusblätter zu knabbern wie sein knuddeliger Verwandter, frisst der Fallbär Fleisch. Seinen Namen verdankt er seiner Angewohnheit, sich aus Baumkronen auf seine arglose Beute fallen zu lassen.

LEBENSRAUM: Eukalyptuswälder

REGION: Küstengebiete im Osten Australiens

MERKMALE: lange Arme, große Reißzähne, gut gepolstertes Hinterteil, um Stürze abzufedern

GRÖẞE: bis zu 130 Zentimeter

NAHRUNG: Säugetiere, die am Boden leben, wie Kängurus, Wallabys, Wombats, manchmal auch Menschen

VERHALTEN: Er wartet still auf einem Ast, bis ein Beutetier vorbeikommt. Dann lässt er sich wie ein Stein fallen, betäubt sein Opfer und tötet es mit einem Biss in den Nacken. Ist die Beute klein genug, schleppt der Fallbär sie zum Fressen auf den Baum. Größere Mahlzeiten werden direkt auf dem Waldboden verzehrt..

20. Dezember 1927, Brisbane, Australien

Wir sind fast am unteren Ende des Erdballs angekommen! Die Überquerung des riesigen Pazifik war eine Herausforderung: Wir flogen in mehreren Etappen, machten auf Hawaii und auf den Fidschi-Inseln Halt, bevor wir schließlich in Brisbane landeten. Als wir den Äquator überquerten, gerieten wir in ein furchtbares Gewitter – Dimi dachte, wir würden abstürzen, aber meine treue Calypso ließ uns nicht im Stich.

Morgen wollen wir im Busch nach Fallbären suchen. Unsere Wirtin hat uns gewarnt, dass dieses Beuteltier vor allem für ausländische Touristen gefährlich ist, die es öfter angreift als Australier. Man hat uns geraten, nicht in der Nähe von Eukalyptusbäumen zu kampieren und traditionelle australische Lieder wie „Waltzing Matilda" zu singen, um den Fallbären weiszumachen, dass wir Einheimische sind.

WHOWIE

Saurus hexapodus

Seit Jahrtausenden fürchten die Aborigines den Whowie: ein riesiges, sechsbeiniges Monster, das die Ufer des Murray River unsicher macht. Die große Echse kann sehr gut schwimmen, bewegt sich an Land aber eher langsam und schwerfällig. Aber selbst an Land ist ein Whowie überaus gefährlich: Er schleicht sich heimlich an seine Beute an und verschlingt sie mit Haut und Haar.

DER SCHRECKEN DER RIVERINA

Den Ngarrindjeri zufolge suchte der Whowie einst die Region Riverina heim. Die wilde Echse schlich sich zu den Menschen, während sie schliefen, und verschlang sie – manchmal bis zu 60 in einer einzigen Nacht. Schließlich beschlossen die Einwohner, sich zu wehren. Sie sammelten Reisig, türmten ihn am Eingang der Höhle des Whowie zu einem Haufen auf und entzündeten ein Feuer.

Dichte Rauchschwaden drangen in den Tunnel ein, der sich kilometerweit unter der Erde erstreckte. Nach sieben Tagen tauchte der Whowie auf, schnappte nach Luft, übersät mit Brandblasen. Die Menschen attackierten das verwundete Tier, bis es reglos dalag. Aber der Whowie war nicht tot, sondern schlich in seine Höhle zurück. Zwar hat man ihn nie wieder gesehen, aber in manchen Nächten, wenn der Wind weht, so erzählt man sich, kann man noch heute sein Heulen und Wehklagen hören.

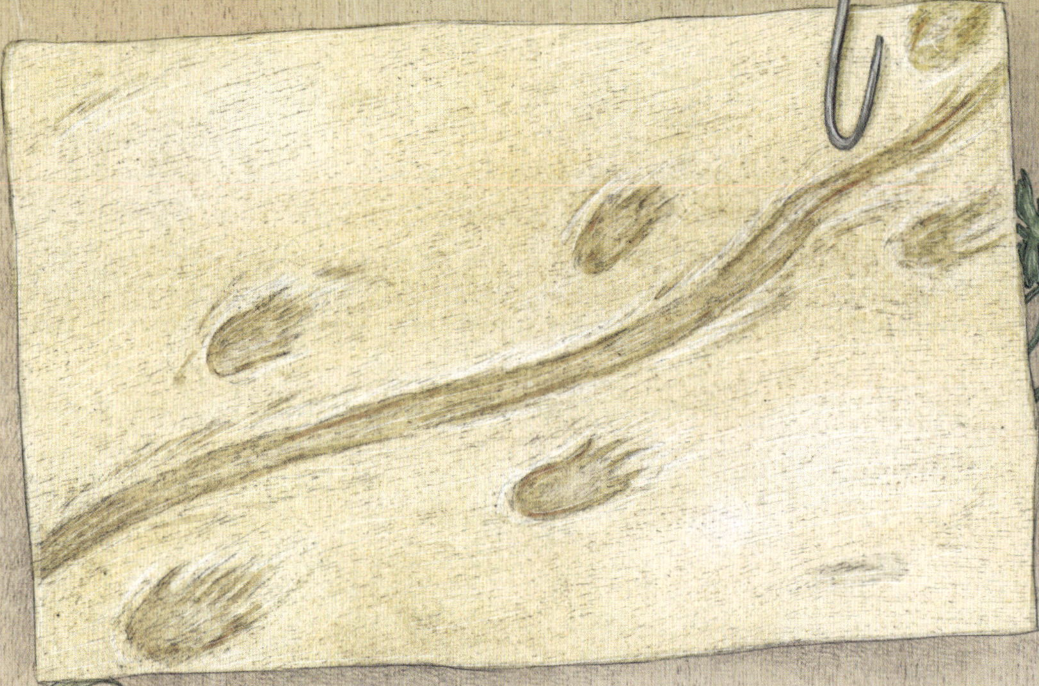

WHOWIE-SPUREN

Manche glauben, dass es nur einen einzigen Whowie gab, der vor vielen Jahren getötet wurde. Es gibt allerdings Hinweise, dass einige dieser bizarren Tiere bis heute überlebt haben: Entlang des Murray River verschwinden immer wieder auf mysteriöse Weise Rinder. Und manchmal sieht man am Flussufer Fußspuren mit einer markanten Rille in der Mitte, die vom Schwanz des Whowie stammt.

PRÄHISTORISCHER VERWANDTER

Der Whowie stammt möglicherweise vom Megalania ab, einem riesigen prähistorischen Waran, der vor etwa 50.000 Jahren ausstarb. Der Whowie scheint überlebt zu haben, vielleicht weil er sich unter der Erde vor den ersten Menschen besser verstecken konnte. Seine zusätzlichen zwei Beine werden ihn beim Graben seiner Höhlen gute Dienste geleistet haben.

MEGALANIA

WHOWIE

12. Januar 1928,
Swan Reach, Südaustralien

Südlich der Stadt Swan Reach liegt der drei Kilometer lange unterirdische Tunnel Punyelroo, der direkt am Fluss entlang verläuft. Der Eingang befindet sich ein kleines Stück oberhalb der Wasserlinie. Wir hörten, dass in dieser Gegend Whowies gesichtet wurden – der Sage nach ist der Punyelroo der Unterschlupf für die Echse aus den Erzählungen der Ngarrindjeri!

Am Eingang fanden wir einen Haufen abgenagter Knochen und frische Exkremente. Vorsichtig bahnten wir uns einen Weg durch den stockdunklen Tunnel. Unsere Lampen warfen flackernde Schatten auf die mit Fossilien übersäten Wände. Wir waren noch nicht weit gegangen, als uns ein tiefes, grollendes Knurren entgegendröhnte. Da wir ungern mit unseren Knochen den Haufen am Höhleneingang vergrößern wollten, beschlossen wir, den Rückzug anzutreten. Zurück am Fluss hatte Dimi aber immerhin noch Zeit, ein Stück Kot für seine stinkende Sammlung aufzulesen.

ABAIA

Anguilla maxima

Dieser monströse Aal lebt auf dem Grund von Süßwasserseen in Melanesien. Der Sage nach ist jede Abaia die Wächterin ihres Sees und beschützt alle Tiere, die darin leben. Jeder, der es wagt, sie zu stören – zum Beispiel durch Angeln –, muss mit dem Zorn der Abaia rechnen.

LEBENSRAUM: Süßwasserseen

REGION: Melanesische Inseln, u. a. Neuguinea, Fidschi, Vanuatu und die Salomonen

MERKMALE: Im Gegensatz zu Seeschlangen, die zum Atmen an die Oberfläche kommen müssen, kann die Abaia wie ein Fisch mit Kiemen unter Wasser atmen. An der Körperseite sitzen blinkende Lichter, vermutlich um mit Artgenossen zu kommunizieren.

GRÖßE: bis zu 30 Meter Länge

NAHRUNG: Unbekannt. Die scharfen Zähne lassen vermuten, dass es sich um Fleischfresser handelt, aber die Sagen, die sich um Abaia ranken, deuten auf vegetarische Nahrung hin. Doch sind Wasserpflanzen allein wirklich ausreichend für diese riesigen Körper? Mag sein. Vielleicht filtern sie aber auch Plankton aus dem Wasser wie Wale.

VERHALTEN: Wenn eine Abaia wütend wird, verursacht sie angeblich gewaltige Wellen, um Fischerboote zu kentern und ganze Dörfer wegzuspülen, heißt es.

GAZEKA

Porcus diabolicus

Als die Besatzung des Schiffs HMS Basilisk 1875 die Nordküste von Papua-Neuguinea erkundete, fanden die Matrosen einen riesigen Haufen Kot, den sie erst einem Nashorn zuordneten. Aber als sie mit Einheimischen sprachen, hörten sie Geschichten über Gazeka, ein teuflisches Riesenschwein, das dort durch die Wälder streift.

LEBENSRAUM: Buschland und Wald

REGION: Papua-Neuguinea

MERKMALE: Das Gazeka sieht aus wie ein großer Tapir. Lange, biegsame Schnauze (Rüssel), mit der er Nahrung aufsammelt, borstiges Fell mit Streifen zur Tarnung. Die Männchen haben nach hinten gebogene Stoßzähne, die traurigen Berichten zufolge bei manchen Tieren so lang werden, dass sie sich ihren eigenen Schädel daran aufspießen! Das könnte erklären, warum heutzutage nur noch so selten Exemplare gesichtet werden.

GRÖßE: etwa 2 Meter Länge und 1 Meter Höhe

NAHRUNG: Wurzeln, Blätter und Früchte

VERHALTEN: Das Gazeka kann sich auf die Hinterbeine stellen, um an Futter zu gelangen oder sich an einem Baum zu kratzen. Sein Gebrüll tönt meilenweit durch die Steppe.

TE WHEKE-A-MUTURANGI

Octopus giganteus aotearoicus

Viele Kulturen der Welt kennen Geschichten über riesige achtarmige Wesen aus der Tiefe. Die nordische Mythologie erzählt von einem furchterregenden Riesenkraken, in Japan kennt man Geschichten vom gigantischen Akkorokamui, der im Meer lauert. In den Gewässern vor Neuseeland lebt ein gewaltiger Tintenfisch, der nach einem Wesen aus den Mythen der Māori benannt wurde: Te Wheke-a-Muturangi („der Oktopus von Muturangi") war ein riesiges Seeungeheuer, das der Entdecker Kupe über den gesamten Pazifik verfolgt haben soll. Die Jagd führte ihn von Hawaiki, der legendären Heimat der Māori, bis zu den Inseln Neuseelands.

LEBENSRAUM: Tiefsee

REGION: Gewässer rund um Neuseeland (Es existieren andere Riesenkrake-Spezies andernorts.)

MERKMALE: wulstiger Kopf, acht riesige Arme mit Saugnäpfen

GRÖẞE: Tentakel bis zu 20 Meter Länge

NAHRUNG: Wale und Haie

VERHALTEN: Wenn sich ein Arm dieses riesigen Kraken im Maul eines Feindes, z. B. eines Pottwals, verfängt, kann er ihn abwerfen, um zu entkommen. Wie bei anderen Krakenarten wächst der fehlende Arm einfach wieder nach!

TIERWESEN ASIENS

Asien ist der größte Kontinent der Erde und vereint verschiedenste Lebensräume und Klimazonen – von eisigen Wäldern im Norden bis zu sonnenverwöhnten tropischen Inseln im Süden. Kein Wunder, dass dieser vielfältige Kontinent diverse magische Tierwesen beheimatet, darunter Drachen, fliegende Pferde und mehrköpfige Schlangen.

SIEBENKÖPFIGE NAGA

Naga septemceps

In einigen Seen und Flüssen Kambodschas lebt eine majestätische Naga (Wasserschlange) mit sieben Köpfen. In Asien finden sich verschiedene Spezies von Naga: In Indien haben die Schlangen einen einzigen, menschenähnlichen Kopf, die Nagas in Thailand hingegen tragen fünf Schlangenköpfe.

LEBENSRAUM: Seen, Flüsse und Unterwasserhöhlen

REGION: Kambodscha

MERKMALE: Körper einer Schlange, sieben Köpfe, die denen einer Kobra ähneln (Anders als die Kobra ist die Naga jedoch nicht giftig.)

GRÖßE: bis zu 10 Meter Länge

NAHRUNG: Trotz ihres furchterregenden Aussehens sind Nagas gegenüber Menschen nicht aggressiv, sondern fressen Fische. Mit ihren sieben schlängelnden Hälsen und sieben scharfzahnigen Mäulern fällt es den Schlangen leicht, Mahlzeiten zu erwischen.

VERHALTEN: Nagas leben oft in der Nähe von Tempeln oder Schreinen – man nimmt an, dass sie diese heiligen Orte beschützen.

14. Februar 1928, Angkor Wat, Kambodscha

Tief in den Wäldern von Kambodscha liegt die zauberhafte Tempelanlage Angkor Wat. Ich wollte schon immer dorthin, also war ich begeistert, als Dimi mir erzählte, dass sich an diesem historischen Ort Nagas beobachten lassen! Als wir den Wassergraben überquerten und uns den Tempeln über einen großen Damm näherten, zeigte Dimi mir sieben steinerne Nagas, die den Weg säumten, als würden sie Wache halten. Wir passierten ein riesiges Tor und traten ans Ufer eines Sees voller Lotusblumen. Während wir die Sonne über den Türmen aufgehen sahen, durchbrach ein langer Hals die Wasseroberfläche und richtete sich vor uns auf; dann noch einer und noch einer, bis sieben Köpfe aus dem Wasser ragten. Ich war wie hypnotisiert – ein grandioser Anblick!

BARONG

Panthera draconis

Dieses löwenähnliche Wesen von der Insel Bali sieht furchteinflößend aus, ist aber von sanftem Gemüt. Es lebt in einer Berghöhle und hält sich vor Menschen versteckt. Ein traditioneller balinesischer Tanz stellt den Kampf zwischen einem Barong und einer Dämonenkönigin namens Rangda nach.

PYINSARUPA

Chimera volucer

Dieses faszinierende Wesen aus Myanmar hat einen schuppigen Körper, gefiederte Flügel und eine rüsselartige Schnauze. Im 19. Jahrhundert soll ein Pyinsarupa aus China als Geschenk an König Mindon in den Palast von Mandalay gebracht worden sein.

TIPAKA

Equus alatus

In Europa und Asien leben verschiedene Arten geflügelter Pferde, vom schneeweißen Pegasus in Griechenland bis zum goldenen Tipaka in Thailand. Der legendäre König Sison soll auf einem Tipaka geritten sein, das so schnell flog, dass er schon Sekunden nach dem Aufbruch am Ziel ankam.

DOKKAEBI

Gobalus goryeus

Diese schelmischen koreanischen Kobolde tauchen nachts in abgelegenen Wäldern, verlassenen Häusern und auf einsamen Friedhöfen auf. Angeblich bringen die Dokkaebi entweder Glück oder verursachen Chaos. Die Menschen stellen ihnen Buchweizengelee (ihre Lieblingsspeise) hin, um sie freundlich zu stimmen.

CHINESISCHER DRACHE

Draco sinensis

Es gibt viele verschiedene Arten von Drachen auf der Welt, die sich im Großen und Ganzen in zwei Hauptkategorien einteilen lassen: Wesen mit und ohne Flügel. Flügellose Drachen leben vor allem in Asien, darunter das klassischste Beispiel: der anmutige Chinesische Drache mit dem länglichen Körper und der auffälligen Mähne.

Chinesische Drachen sind weitaus freundlicher zu Menschen als ihre Feuer speienden europäischen Verwandten. Die weisen, majestätischen Reptilien sind seit Jahrtausenden mit den Menschen verbunden. Sie bringen Glück und Regen, weshalb sie in ganz China geschätzt und verehrt werden.

LEBENSRAUM: Seen und Flüsse, oft Unterwasserhöhlen

REGION: China

MERKMALE: schuppiger, schlangenartiger Körper, üppige, gefiederte Mähne, gefächerter Schwanz, der im Flug als Ruder dient, samtiges Geweih, fünf Krallen an jedem Fuß

GRÖSSE: bis zu 15 Meter Länge

NAHRUNG: Fische, Wasservögel, manchmal Rehe und andere Tiere vom Seeufer

VERHALTEN: Wenn man sie nicht reizt, sind Chinesische Drachen äußerst sanftmütig. Wenn man sich ihnen respektvoll nähert, droht keine Gefahr.

Man sagt, dass ein glücklicher Drache Regen bringt, der für eine gute Ernte sorgt. Ein unglücklicher Drache verursacht hingegen Überschwemmungen und Stürme.

Die Fühler an der Schnauze des Drachens dienen ihm als zusätzliches Sinnesorgan zur Wahrnehmung von Geräuschen und Gerüchen.

DRACHEN IN GEFAHR!

Weltweit sind die Drachenpopulationen bedroht. Ein Grund für ihr zunehmendes Verschwinden liegt darin, dass sie wegen ihrer Körperteile gejagt werden, die für medizinische oder magische Zwecke verwendet werden. Mitgliedern der GzSmT wird geraten, sich vor Wilderern und Schwarzhändlern in Acht zu nehmen, die Exemplare von zweifelhafter Herkunft anbieten. Vor allem sollte man niemals ein Drachenei aus einem Nest stehlen!

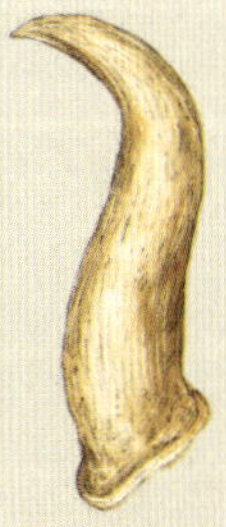

DRACHEN-KLAUE

DRACHEN-BLUT

DRACHENEI

DRACHEN-SCHUPPE

DRACHEN-FEDER (CHINA)

FLIEGEN OHNE FLÜGEL

Seit Jahrhunderten gibt die Anatomie Chinesischer Drachen der Forschung Rätsel auf: Wenn diese Wesen keine Flügel besitzen, wie können sie dann fliegen? Denn man hat die eleganten Geschöpfe oft durch die Luft schweben gesehen. Der angesehene Drachenforscher Peter Dickinson vermutet die Antwort in der Ernährung der Drachen: Die Knochen der erlegten Beutetiere und der kalkhaltige Abrieb der Höhlenwände enthalten viel Kalzium, das in Reaktion mit Magensäure Wasserstoff erzeugt. Da dieser leichter ist als Luft, steigt der Drache wie ein Ballon in die Höhe.

Hier ist ein interessanter Denkanstoß für alle, die nicht an magische Tierwesen glauben: Wenn es keine Drachen gibt, wieso erzählen dann völlig unterschiedliche Kulturen an entgegengesetzten Enden dieser Welt Geschichten über Drachen? Ist das bloß Zufall, oder beruhen all diese Mythen nicht vielleicht doch auf echten Sichtungen?

3. März 1928, Lijiang, Provinz Yunnan, China

Im Schatten der schneebedeckten Gipfel des Bergmassivs Yulong Xueshan liegt ein ruhiger See, den man „See des schwarzen Drachen" nennt. Einer alten Sage zufolge lebt hier ein Drache, und die GzSmT hat in diesem Gebiet schon diverse Sichtungen registriert. Heute früh machten wir uns auf den Weg zum Ufer, bewaffnet mit einer gebratenen Ente, die wir als Köder auslegten. Wir traten zurück und warteten. Bald tauchte ein riesiger Kopf aus dem Wasser auf, mit einem heiteren Ausdruck auf dem edlen Gesicht. Der Drache verschlang unser Geschenk und erhob sich in den Himmel, wo er über die verschneiten Gipfel zu tanzen schien, bevor er in den Wolken verschwand.

EUROPÄISCHER DRACHE

Draco europaeus

Eine der bekanntesten geflügelten Spezies ist der Europäische Drache. Diese mächtigen Tiere, die in vielen Volksmärchen und Sagen verewigt worden sind, können nicht nur fliegen, sondern auch Feuer speien, was sie zu besonders gefährlichen Raubtieren macht.

LEBENSRAUM: Höhlen in abgelegenen Gebirgsregionen

REGION: Europa und der äußerste Westen Asiens

MERKMALE: scharfe Zähne und Klauen, ledrige Flügel, flammender Atem (der entsteht, wenn sich der Wasserstoff aus dem Magen mit dem explosiven Gift im Mund vermischt)

GRÖSSE: bis zu 12 Meter Länge

NAHRUNG: Hirsche, Rehe, Bergziegen und andere Pflanzenfresser. Früher rissen Drachen Schafe und Rinder, aber die meisten lernten im Laufe der Zeit, von Menschen bewohnte Gegenden zu meiden, und fanden alternative Nahrungsquellen.

VERHALTEN: Europäische Drachen sind Einzelgänger, leben zurückgezogen und halten einen Großteil des Jahres Winterschlaf. In der Paarungszeit horten die Männchen Gold und Silber, um mit dem Schimmer Weibchen anzulocken.

Dem Horn auf seiner Stirn verdankt das scheue Qilin den Spitznamen „chinesisches Einhorn".

QILIN

Unicornis orientalis

In China bringt man das sanfte Qilin mit Frieden und Wohlstand in Verbindung. Wenn man dieses seltene und besondere Tier zu Gesicht bekommt oder seinen melodiösen Ruf hört, bringt es einem Glück. Der Sage nach wird das Qilin (das in Japan und Korea Kirin und in Vietnam Kylan heißt) bis zu 1000 Jahre alt. Das klingt zunächst fantastisch, aber bei einem so ungewöhnlichen Wesen erscheint eine ebenso ungewöhnliche Lebenserwartung nur folgerichtig.

LEBENSRAUM: bewaldete Berghänge

REGION: Ostasien

MERKMALE: ein einzelnes, verzweigtes Horn, schillernde Schuppen, wallende Mähne

GRÖSSE: etwa 1,50 Meter Stockmaß

NAHRUNG: strikt vegetarisch

VERHALTEN: Man sagt, das Qilin sei so leichtfüßig, dass seine Hufe nicht einmal einen Grashalm zerknickten. Auch wenn das vermutlich übertrieben ist: Für seine Größe ist es extrem flink und wendig. Erstaunlicherweise kann dieses gutmütige Geschöpf Feuer speien, um sich zu verteidigen.

KYŪBI NO KITSUNE

Vulpes novemcaudus

Kitsune sehen aus wie normale Füchse, doch wenn diese anmutigen Geschöpfe älter werden, wachsen ihnen mit zunehmender Weisheit weitere Schwänze. Im Alter von 900 Jahren tragen sie neun buschige Schwänze und sind damit Kyūbi no Kitsune („neunschwänziger Fuchs“). Das mag unglaubwürdig erscheinen, aber in Japan ist die Existenz dieser mysteriösen Geschöpfe kein Geheimnis.

LEBENSRAUM: verschiedene Gegenden, vom Grasland bis in die Berge

REGION: Japan

MERKMALE: weißes oder goldenes Fell, mehrere Schwänze

GRÖßE: ungefähr 50 Zentimeter lang, plus Schwanz

NAHRUNG: kleine Nagetiere und Vögel, im Herbst außerdem Früchte und Nüsse

VERHALTEN: Es kursieren erstaunliche Gerüchte über die Fähigkeiten dieser Geschöpfe. Angeblich können sie fliegen, sich verwandeln, sich unsichtbar machen ... Die GzSmT konnte noch keine Beweise für diese magischen Begabungen erbringen, aber ausgeschlossen sind sie nicht.

BAKE-DAKUNI

Tanuki magicus

Wie der Kitsune gilt auch der Bake-Danuki in Japan als magisches Wesen. Dieser verspielte Marderhund kann seine Gestalt verändern und hat keine Scheu vor Menschen, denen er oft das Essen stiehlt.

LEBENSRAUM: Sie hausen in Höhlen oder hohlen Bäumen im Grasland oder im Wald.

REGION: Japan

MERKMALE: Der dickbäuchige Bake-Danuki sieht aus wie ein gewöhnlicher Marderhund, nur dass er auf seinen Hinterbeinen läuft und oft einen Hut trägt, den er entweder selbst aus Blättern flicht oder von Menschen „borgt“.

GRÖßE: bis zu 1 Meter

NAHRUNG: kleine Vögel und Säugetiere, Nüsse und Wurzeln, stiehlt manchmal Nahrung von Menschen

VERHALTEN: Bake-Danuki leben in Kolonien und kommunizieren miteinander, indem sie mit den Pfoten rhythmisch auf ihre runden Bäuche schlagen.

BAKU

Baku somnivorus

In Japan glaubt man, dass diese gutherzigen, nützlichen Wesen schlafende Menschen besuchen und ihre Albträume verschlingen. Kindern rät man, wenn sie nach einem bösen Traum aufwachen, dreimal zu sagen: „Baku, Baku, friss meinen Traum!“ Danach können sie beruhigt wieder einschlafen.

LEBENSRAUM: in der Nähe menschlicher Siedlungen

REGION: Japan und Ostchina

MERKMALE: löwenähnlicher Körper mit zotteligem Fell, langer Rüssel

GRÖßE: ungefähr 1 Meter Länge

NAHRUNG: Albträume, falls man den Erzählungen glauben darf

VERHALTEN: Obwohl Bakus nachweislich warme, dunkle Orte mögen und die Gesellschaft von Menschen schätzen, bleibt es schwer zu beweisen, ob sie wirklich Träume fressen können.

YETI

Simius montanus

Die Sherpa im Himalaya erzählen seit Urzeiten von einem riesigen, affenähnlichen Wesen, das sie Yeh-teh oder Yeti nennen. Trotz seiner Größe und seines furchteinflößenden Aussehens ist das geheimnisvolle Geschöpf scheu und meidet den Kontakt mit Menschen.

LEBENSRAUM: Hochgebirge, versteckt in abgelegenen Höhlen

REGION: Himalaya

MERKMALE: lange Arme, große Hände und Füße, zotteliges Fell. Im Herbst wirft der Yeti sein rostrotes Sommerfell ab und lässt sich ein dickes, weißes Winterfell wachsen, mit dem er sich wunderbar an die verschneite Umgebung anpassen kann.

GRÖẞE: etwa 2 Meter

NAHRUNG: Nüsse, Obst, Insekten, Vögel und kleinere Säugetiere

VERHALTEN: Im Sommer sucht der Yeti in den Rhododendronwäldern der unteren Berghänge nach Nahrung. Im Winter, wenn die Nahrung knapp ist, hält der Yeti in einer Höhle zwischen den zerklüfteten Gipfeln Winterschlaf.

BONNACON

Bonasus flammeus

Der Bonnacon, berühmt für seinen leicht entzündbaren Dung, durchstreifte einst die Ebenen Zentralasiens. Er wurde schon in mittelalterlichen Schriften erwähnt, ist aber inzwischen in Vergessenheit geraten. Leider gilt er heute als ausgestorben – möglicherweise, weil sein Verteidigungsmechanismus so viele Waldbrände verursachte, dass sein Lebensraum unbewohnbar wurde.

LEBENSRAUM: Gras- und Strauchland

REGION: Zentralasien

MERKMALE: glänzende, nach innen gewundene schwarze Hörner. Das Hinterteil verströmt einen üblen Gestank.

GRÖẞE: bis zu 3 Meter Länge

NAHRUNG: vorwiegend Gras

VERHALTEN: Da die Hörner des Bonnacon so gebogen sind, dass sie als Waffe nutzlos sind, muss er sich anders verteidigen: Wenn er bedroht wird, sondert er extrem giftigen Dung ab, der in Flammen aufgeht, sobald er auf den Boden trifft, und eine flammende Spur der Zerstörung hinterlässt.

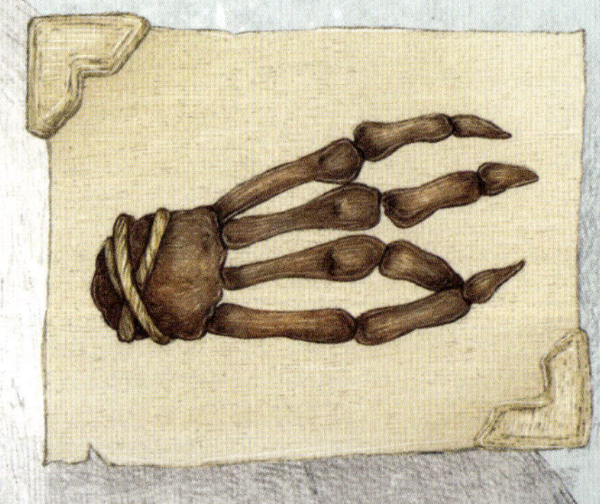

Die Mönche des Klosters Pangboche in Nepal hüten eine große, skelettierte Hand, die angeblich von einem Yeti stammt.

Früher glaubte man, dass Greifenkrallen heilende Kräfte besitzen, und formte Trinkbecher aus ihnen, um die medizinische Wirkung auf die eingefüllte Flüssigkeit zu übertragen. Aber da Greife selten und ihre Klauen schwer zu bekommen waren, entpuppten sich viele der angeblichen „Greifenklauen“ als Hörner von Büffeln, die irrsinnig teuer verkauft wurden.

LEBENSRAUM: Der Greif nistet in den Bergen und jagt in offenem Grasland.

REGION: Zentralasien

MERKMALE: Körper und Schwanz wie ein Löwe, Kopf, Flügel und Klauen wie ein Adler, aufgerichtete Ohren wie ein Uhu

GRÖßE: bis zu 6 Meter Flügelspannweite

NAHRUNG: Fohlen von Wildpferden (Die ausgewachsenen Tiere sind zu schwer, um sie hochzuheben.)

VERHALTEN: Wie manche Drachen sind auch Greife dafür bekannt, dass sie Gold horten. In der Paarungszeit gräbt das Männchen mit seinem kräftigen Schnabel nach Goldnuggets, mit denen es sein Nest schmückt, um Weibchen anzulocken. Doch Achtung: Gold aus einem Greifennest zu stehlen, ist extrem gefährlich – das versuchen nur ganz tollkühne Zeitgenossen.

GREIF

Gryphus rex

Der majestätische Greif lebte einst in weiten Teilen Asiens und Nordafrikas, aber sein Verbreitungsgebiet beschränkt sich heute auf die Gebirge Zentralasiens. Seine Erscheinung ist beeindruckend: Er ist eine Mischung aus Löwe und Adler, aus dem „König der Tiere“ und dem „König der Lüfte“.

23. April 1928, Lachen, Indien

Wir sind gerade von einer anstrengenden Wanderung zum Zemu-Gletscher im Osten des Himalaya zurückgekehrt. Die Landschaft war überwältigend – vor der Kulisse schroffer schneebedeckter Gipfel kamen wir an blaugrünen Wasserfällen und Wiesen voller Wildblumen vorbei. Als unser Begleiter Tashi uns über die Schneegrenze führte, wurde mir schwindelig, da ich die Höhe nicht gewohnt war. Ich musste in unserem Lager bleiben, während Dimi und Tashi zum Gletscher weiterzogen. Als sie zurückkamen, war Dimi ganz aufgeregt: Er hatte auf einem Felsen einen Yeti gesehen. Ich musste mich mit dem Anblick eines riesigen Fußabdrucks im Schnee begnügen, den wir auf dem Rückweg ins Dorf entdeckten.

Schon der berühmte römische Naturforscher Plinius der Ältere schrieb, dass sich in den Nestern von Greifen Goldnuggets finden lassen.

TIERWESEN AFRIKAS

Mit seinen weiten Savannen, endlosen Wüsten und dichten Regenwäldern bietet Afrika eine riesige Vielfalt an Lebensräumen, die viele Spezies magischer Tierwesen anziehen. Von den alten Sphingen Ägyptens bis zu den geheimnisvollen Waldwesen und Flussmonstern im Süden des Kontinents spielen die magischen Tiere Afrikas seit Urzeiten eine wichtige Rolle in vielen Mythen und Sagen.

HIERACOSPHINX

Hieracosphinx aegyptius

Die Hieracosphinx, die aussieht wie ein Greif ohne Flügel, bewachte einst die Tempel des Alten Ägyptens. Inzwischen haben sich die Wesen in die Wildnis zurückgezogen, um den massenhaften Strom von Touristen an den historischen Denkmälern Ägyptens zu meiden.

LEBENSRAUM: Wüste und Strauchsteppe

REGION: Ägypten

MERKMALE: Der gefiederte Kopf ähnelt dem eines Falken, der beigefarbene Körper dem eines Löwen.

GRÖßE: bis zu 3 Meter Länge

NAHRUNG: Vögel, Eidechsen und kleine Säugetiere. Der Name „Sphinx“ (Plural: Sphingen) kommt vom griechischen Wort sphingo - „erwürgen“. So erledigen diese Wesen ihre Beute.

VERHALTEN: Der stets etwas hochmütige Blick der schlauen Hieracosphinx lässt vermuten, dass sich dieses Tier an der Spitze der Nahrungskette sehr wohl fühlt.

SPHINX-ARTEN

HIERACOSPHINX

KRIOSPHINX

ANDROSPHINX

Reliefs aus dem Alten Ägypten zeigen, dass es einst drei verschiedene Arten von Sphingen gab: die Hieracosphinx mit Falkenkopf, die Kriosphinx mit Widderkopf und die Androsphinx mit Menschenkopf (deren berühmte Statue man nahe der Cheopspyramide in Gizeh bestaunen kann). Soweit wir wissen, hat die Hieracosphinx als einzige Spezies bis heute überlebt.

EINHORN-HUFABDRÜCKE

Wer versucht, Abadas oder andere Einhörner aufzuspüren, sollte wissen, dass ein Einhornhuf, anders als die Hufe von Pferden, immer in drei Zehen aufgeteilt ist.

EINHORN-ABDRUCK:
DREIZEHIGER HUF

PFERDE-ABDRUCK:
EINZEHIGER HUF

Man sagt, das gutmütige Abada erscheine manchmal Menschen, die sich im Busch verirrt haben, um sie sicher zurückzugeleiten, bevor es wieder verschwindet.

ABADA

Unicornis africanus

Anders als seine europäischen Vettern trägt das scheue afrikanische Einhorn zwei Hörner. Weil die Hörner, zu Pulver zermahlen, angeblich Krankheiten heilen und Vergiftungen kurieren, wird das Abada seit Jahrhunderten von Menschen gejagt. Nur noch sehr wenige Exemplare leben gut versteckt in freier Wildbahn.

LEBENSRAUM: Wald und Savanne

REGION: Afrika südlich der Sahara

MERKMALE: zwei gewundene Hörner auf der Stirn, schlanker, pferdeähnlicher Körper, Fell mit Streifen und Flecken zur Tarnung, quastenartiger Schwanz, um Fliegen zu verscheuchen

GRÖẞE: etwas mehr als 1 Meter Stockmaß

NAHRUNG: hauptsächlich Gras

VERHALTEN: Sobald die sensiblen Hörner des Abada eine Gefahr wittern, sucht das Tier Schutz hinter Bäumen, wo es sich mit seinem gemusterten Fell gut verstecken kann. Auf diese Weise entkommt es Raubtieren wie Löwen, Menschen und dem mächtigen Roch (siehe S. 58).

AZIZA

Aziza alata

Die Fon im westafrikanischen Benin kennen Geschichten von einem Volk winziger Wesen, die tief im Wald leben. Diese freundlichen, feenähnlichen Wesen – die Azizas – hüten uraltes Wissen über Kräuter und Naturmedizin. Manchmal teilen die winzigen Geschöpfe ihre Weisheit mit den Menschen, wenn diese sich ihnen friedlich und respektvoll nähern und vor allem: nicht pfeifen!

LEBENSRAUM: Wald. Azizas bauen ihre Nester in verlassenen Termitenhügeln oder hohlen Kapokbäumen.

REGION: Westafrika

MERKMALE: gestreifte Körper mit heller Unterseite, schmetterlingsähnliche Flügel und Fühler

GRÖSSE: etwa 10 Zentimeter

NAHRUNG: Nüsse, Beeren und nahrhafte Wurzeln

VERHALTEN: Azizas leben in großen Kolonien zusammen. Gemeinsam horten sie ihre gesammelten Pflanzen und Kräuter, die sie zur Herstellung von Medizin für verschiedene Tierarten nutzen.

21. Mai 1928, Abomey, Benin

Laut dem alten Handbuch der GzSmT gab es in den Wäldern im Süden Benins früher besonders viele Azizas. Wir fuhren nach Abomey und fanden dort einen Fremdenführer: Alifoe erklärte sich bereit,uns den Lama-Wald zu zeigen. Ich glaube nicht, dass ich die geborene Dschungelforscherin bin – es war heiß, überall klebte es, und ich machte mir ständig Sorgen wegen Schlangen. Aber schließlich kamen wir zu einem hohlen Kapokbaum, aus dem es laut summte. Es klang wie wütende Bienen, aber Dimi versicherte mir, die Azizas würden das Geräusch nur nachahmen, um Eindringlinge abzuschrecken. Bei mir hat der Trick jedenfalls funktioniert!

Vorsichtig näherten wir uns und legten ein paar süße Beeren vor ein kleines Loch in der Rinde am Fuß des Baumes. Das Summen verstummte, und aus dem Loch lugte ein winziges, neugieriges Gesicht hervor. Dann erschien eine Hand und schnappte sich die Beeren. Wir warteten noch eine Weile, aber nichts geschah – die Azizas waren heute wohl nicht sehr gesellig ...

GROOTSLANG

Serpens elephantina

In der abgelegenen Bergwüste Richtersveld in Südafrika verbreitet die Grootslang Angst und Schrecken: eine riesige Schlange mit Elefantenkopf. Als die Welt noch jung war, so erzählt man sich, und die Götter noch nicht so geübt in der Schöpfung von Lebewesen, haben sie aus Versehen dieses monströse Wesen geschaffen!

LEBENSRAUM: unterirdische Tunnel, Flüsse. In einem Netz von Höhlen unter der Wüste, das mit dem Oranje-Fluss verbunden ist, sollen einige Grootslang bis heute überlebt haben.

REGION: Richtersveld-Wüste im Nordwesten Südafrikas

MERKMALE: schuppiger Schlangenkörper, Stoßzähne und Rüssel eines Elefanten, fauliger Gestank

GRÖßE: bis zu 12 Meter Länge

NAHRUNG: Rinder, die am Ufer des Oranje-Flusses grasen

VERHALTEN: Die Grootslang soll in ihrem unterirdischen Versteck Diamanten horten. Die GzSmT geht davon aus, dass das Schlangenwesen die Edelsteine als Gastrolithen (Magensteine) verwendet: Da sie keine Mahlzähne hat, verschluckt sie Diamanten, die dann im Magen die Nahrung zerkleinern.

IMPUNDULU

Avis fulminis

Genau wie der Donnervogel (siehe S. 26) soll auch der südafrikanische Impundulu oder Blitzvogel in der Lage sein, Stürme heraufzubeschwören. In den Sagen der Zulu und Xhosa lässt der Impundulu Blitze vom Himmel zucken, wenn er ein Ei legen will.

Das vergräbt er dann exakt dort, wo einer der Blitze eingeschlagen hat. Die GzSmT muss diese Legende jedoch noch bestätigen. Aus Impundulu-Eiern hergestellte Salben lindern angeblich Verbrennungen.

LEBENSRAUM: gebirgiges Hochland

REGION: Südafrika

MERKMALE: schimmerndes rotes Gefieder, roter Schnabel, rote Beine, lange Schwanzfedern

GRÖßE: 3 Meter Flügelspannweite

NAHRUNG: Blut anderer Tiere

VERHALTEN: Der Impundulu kommt immer kurz vor einem herannahenden Sturm von den Bergen herunter.

OLITIAU

Chiroptera gigantea

Eines der bemerkenswertesten Wesen, die im Regenwald Kameruns zuhause sind, ist der Olitiau: eine riesige, Fisch fressende Fledermaus mit vier Metern Flügelspannweite. Ähnliche Riesenfledermäuse sind der GzSmT auch aus anderen Teilen Afrikas und aus Indonesien bekannt.

LEBENSRAUM: Regenwald, nistet in Höhlen

REGION: Westafrika

MERKMALE: große Flügel, affenähnliches Gesicht, scharfe Zähne, schwarzes Fell

GRÖẞE: 4 Meter Flügelspannweite, Körper so groß wie ein kleines Kind

NAHRUNG: Fisch

VERHALTEN: Wenn es abends dunkel wird, verlässt der Olitiau seine Höhle im Dschungel und fliegt hinunter zum Fluss. Dort gleitet er dicht über die Wasseroberfläche und fängt Fische mit seinen tödlich scharfen Zähnen.

NYAMI NYAMI

Serpens sambesi

Im traditionellen Glauben der Batonga ist die mächtige Schlange Nyami Nyami der Gott des Flusses Sambesi und der Beschützer der Tierwelt: Wer mit seinem Kanu zu nahe an den Kariba-Felsen paddelt, unter dem die Schlange lebt, riskiert von einem Strudel unter Wasser gezogen zu werden.

Nyami Nyami ist nicht die einzige afrikanische Flussschlange. Ein ganz ähnliches Geschöpf, die Inkanyamba, lebt im schäumenden Wasser am Fuße des Howick Falls in Südafrika.

LEBENSRAUM: Flüsse

REGION: Südostafrika

MERKMALE: Körper einer großen Schlange, Kopf eines Fischs, scharfe Zähne

GRÖẞE: riesiger Körper, 3 Meter breit (Länge unbekannt)

NAHRUNG: Krokodile

VERHALTEN: Wenn sie wütend ist, verursacht diese riesige Schlange Überschwemmungen und Strudel.

TIERWESEN DES MITTLEREN OSTENS

Die Berge, Wüsten und Meere des Mittleren Ostens beherbergen wundersame Wesen, vom gigantischen Roch, der die Lüfte beherrscht, bis hin zum tödlichen Basilisken, der die Ruinen antiker Städte heimsucht. Heute nehmen viele an, dass es sich um erfundene Geschöpfe aus uralten Märchen handelt, aber es gibt sie tatsächlich. Allerdings sind sie heute so selten, dass man sie kaum noch zu Gesicht bekommt.

Das Aspidochelon taucht auch unter dem Namen Zaratan in Erzählungen europäischer Reisender aus dem Mittelalter auf.

ASPIDOCHELON

Chelonia gigantea

Die sagenumwobene Meeresschildkröte ist so riesig, dass man sie mit eigenen Augen gesehen haben muss, um an ihre Existenz zu glauben. Aber selbst wenn man das Glück hat, eine zu erspähen, merkt man es oft nicht, denn auf den ersten Blick sieht sie aus wie eine Insel. Es gibt Berichte über Seeleute, die neben einem Aspidochelon vor Anker gingen und auf seinem Rücken übernachteten, ohne zu merken, dass sie sich auf einem lebenden Wesen befanden. Wer dann aber noch ein Lagerfeuer entfacht, hat Pech: Das Tier taucht sofort ab und reißt einen mit sich in die Tiefe.

LEBENSRAUM: warme Meere

REGION: Südwestasien und darüber hinaus

MERKMALE: graue, felsige Haut. Wenn die Schildkröte döst, ragt der riesige Panzer aus dem Wasser heraus. Mit der Zeit sammeln sich darauf Sand und Erde, in denen wiederum Bäume, Sträucher und Gräser wurzeln, die sogar Tauchgängen standhalten.

GRÖẞE: ausgewachsen mehr als 100 Meter lang

NAHRUNG: normalerweise Fisch, selten Seeleute

VERHALTEN: Weil es hin und wieder Menschen verschlingt, hat das Aspidochelon zu Unrecht den Ruf eines gefährlichen Monsters. Meistens ist dieses riesige Tier schläfrig, langsam und sanftmütig. Wenn es Seeleuten schadet, dann aus Versehen oder zur Selbstverteidigung.

Es sind bereits Schiffe gekentert, die sich ausgerechnet dort befanden, wo ein Aspidochelon aus der Tiefe auftauchte.

Wie alle Reptilien ist das Aspidochelon wechselwarm und also auf die Wärme der Sonne angewiesen, um sich warm zu halten. Deshalb verbringt es die meiste Zeit seines Lebens an der Wasseroberfläche.

Die Riesenschildkröte kommt auch im Märchen von Sindbad dem Seefahrer vor, eine der Geschichten aus *Tausendundeiner Nacht*. Dort heißt sie Zaratan.

Um Energie zu sparen, schläft das Aspidochelon sehr lange – manchmal jahrelang.

2. Juli 1928, Aden,
Arabisches Meer

Heute sind wir nur knapp einer Katastrophe entkommen! Als wir über den Golf von Aden flogen, bemerkte ich, dass wir plötzlich kaum noch Sprit hatten – wir hatten ein Leck im Tank! Ich hielt Ausschau nach einer Stelle zum Notlanden und entdeckte eine kleine Insel mit einem Stück Strand, auf dem ich landen konnte. Mit einem Mal fing Dimi an, wild zu gestikulieren. Ich konnte ihn wegen des Motorenlärms nicht hören, also kritzelte er auf einen Zettel: NICHT LANDEN – KEINE INSEL!

Er hatte von oben erkannt, dass es sich um ein Aspidochelon handelte – ein Glück! Mich schaudert jetzt noch, wenn ich daran denke, was hätte passieren können, wenn wir darauf gelandet wären. Zum Glück reichte der Treibstoff noch knapp bis zum Festland …

Dieses gigantische Wesen wird mehrere Hundert Jahre alt. Im Erwachsenenalter legt das Weibchen etwa alle zehn Jahre ein Ei. Das zwei Meter hohe Gelege sinkt auf den Meeresboden, wo es mit der Zeit von Korallen und Seepocken bedeckt wird. Nach fünf Jahren schlüpft das Aspidochelon und schwimmt sofort an die Wasseroberfläche. Während die Jahre vergehen und das Tier größer wird, wachsen immer mehr Pflanzen auf seinem Panzer. Im Alter von etwa 100 Jahren ist es ausgewachsen.

LEBENSZYKLUS DES ASPIDOCHELON

ASPIDOCHELON-EI

JUNGTIER
(30 JAHRE ALT)

AUSGEWACHSEN
(100 JAHRE ALT)

PHÖNIX

Phoenix immortalis

Seit der Antike ranken sich zahlreiche Mythen um den geheimnisvollen Phönix. Manche behaupten, dass nur ein einziger Phönix existiert, der 500 Jahre lang lebt, bevor er sich ein Nest aus duftenden Weihrauchzweigen baut, das er anzündet, um sich selbst zu verbrennen. Nach neun Tagen soll sich dann ein neuer Phönix aus der Asche erheben. Die GzSmT kann einige Aspekte dieses Mythos bestätigen, manche Details erscheinen den Experten aber offensichtlich übertrieben.

Der Phönix lebt sehr lange, aber wohl keine 500 Jahre. Die Annahme, dass es nur einen Phönix gibt, der immer wiedergeboren wird, ist absurd.

LEBENSRAUM: felsige Wüsten, nistet nur in Weihrauchbäumen

REGION: Iran, Arabische Halbinsel, Ägypten

MERKMALE: fasanenartiger Vogel mit purpurrot-violettem Gefieder, auffällige, große Schwanzfedern

GRÖẞE: vergleichbar mit einem Schwan

NAHRUNG: Harz des Myrrhenbaums

VERHALTEN: Am Ende seines Lebens schlägt ein Phönixweibchen seinen Schnabel gegen einen Feuerstein, um einen Funken zu erzeugen, der sein Nest entzündet. Es fächert das Feuer mit seinen Flügeln an, bevor es selbst in Flammen aufgeht. Wenn sich der Rauch lichtet, kommt in der Glut ein Ei zum Vorschein, aus dem ein neues Phönixküken schlüpft.

MANTIKOR

Feles spinosa

Dieses gefährliche Raubtier, dessen Name vom altpersischen Wort Martiyaxvāra („Menschenfresser") abgeleitet ist, durchstreift die bewaldeten Hänge seiner bergigen Heimat. Zur Verteidigung und bei der Jagd auf Damwild können Mantikore giftige Stacheln mit Widerhaken von ihrer Schwanzspitze abschießen. Die GzSmT hat seit mindestens 150 Jahren keinen Fall mehr registriert, bei dem ein Mantikor einen Menschen getötet hätte.

LEBENSRAUM: Berge und Wälder

REGION: Iran

MERKMALE: katzenartiger Körper mit einem Schwanz mit giftigen Stacheln, Flecken wie ein Asiatischer Gepard, affenähnliches Gesicht. Das Maul des Mantikors weist mehrere Reihen scharfer Zähne auf; fällt einer aus, rückt ein anderer nach.

GRÖẞE: ungefähr 1,50 Meter Länge, plus Schwanz

NAHRUNG: große Säugetiere, Menschen

VERHALTEN: Der Mantikor kann seinen Schwanz einrollen wie ein Skorpion, um seine giftigen Stacheln in jede Richtung zu schießen. Das Tier lockt seine Beute mit einem angenehmen, melodischen Ruf an.

Nur ausgewachsene Mantikore tragen Stacheln. Früher, als diese Wesen noch verbreiteter waren, fingen die Menschen die Jungtiere ein und zerschlugen die Schwänze, damit ihnen keine giftigen Stacheln wuchsen.

KARKADANN

Unicornis ferox

Im Gegensatz zu ihren sanftmütigen Verwandten ist diese Einhorn-Art ganz schön wild. Der Sage nach ist das Karkadann ein Fleischfresser, der seine Beute mit seinem Horn aufspießt. Die GzSmT vertritt jedoch die These, dass das Karkadann trotz seines hitzigen Temperaments wie andere Einhörner ein Pflanzenfresser ist.

LEBENSRAUM: Grasebenen

REGION: Arabische Halbinsel und Iran

MERKMALE: muskulöser Körper und Beine, rötlich-braune Farbe, schwarze Mähne und schwarzes Horn, dreizehige Hufe

GRÖẞE: bis ca. 1,70 Meter Stockmaß

NAHRUNG: unbekannt

VERHALTEN: Sehr nervös und scheu, es sei denn, es ist eine Türkentaube in der Nähe. Das sanfte Gurren dieser Vögel scheint das Karkadann zu beruhigen, daher hält es sich gerne bei deren Nistplätzen auf. Manchmal hockt eine Taube sogar auf dem Horn des Karkadanns.

Das Karkadann neigt zum Buckeln und ist fast unmöglich zu zähmen. Der Legende nach ist es dem makedonischen König Alexander dem Große gelungen. Manche sagen, dass sein berühmtes Streitross Bukephalos eigentlich ein Karkadann war.

ROCH

Aquila immensa

Niemanden wird überraschen, dass dieser gigantische Raubvogel, der auf Persisch rukh heißt, in vielen Mythen und Sagen Südwestasiens eine wichtige Rolle spielt. Mit seinen ausgebreiteten Flügeln ist dieser äußerst seltene Adler groß genug, um die Sonne zu verdunkeln. Im 14. Jahrhundert beschrieb ihn der Entdecker Ibn Battuta als „fliegender Berg".

LEBENSRAUM: Hügel und Berge, nistet zwischen abgelegenen Felsgipfeln

REGION: Südwestasien, Südasien, Afrika

MERKMALE: gesprenkeltes Gefieder, hakenförmiger Schnabel, scharfe Krallen, gespaltene Zunge wie eine Schlange

GRÖSSE: Einige Berichte übertreiben, was die Größe angeht; laut offizieller Messung der GzSmT beträgt die Flügelspannweite etwa 30 Meter.

NAHRUNG: Der Roch jagt große Pflanzenfresser, darunter Rinder, Elefanten und Nashörner, je nach Region.

VERHALTEN: Der Adler stürzt aus der Luft herab und schnappt sich sein Opfer mit seinen messerscharfen Krallen. Er reißt die Beute hoch in die Luft und lässt sie fallen, um sie zu töten, landet dann selbst und frisst sie auf.

In der Antike ernährten sich die südwestasiatischen Roch von syrischen Elefanten. Als diese ausstarben, musste der Vogel seine Ernährung umstellen.

5. August 1928, Ansariya-Gebirge, Syrien

Was für ein anstrengender Tag! Wir wanderten in glühender Hitze durch die Berge, um nach Roch-Nistplätzen zu suchen. Ich hatte schlechte Laune und glaubte nicht, dass wir uns auf die alte Karte der GzSmT verlassen konnten. Aber ich wurde eines Besseren belehrt: Als wir einen schroffen Felsen erklommen, hörten wir ein schrilles Quäken – und stießen am Gipfel auf ein enormes Nest aus verflochtenen Ästen, in dem, noch halb in einer riesigen Eierschale, ein mannshohes Rochküken lag! Schnell hielten wir unsere Entdeckung fest und verschwanden schnell wieder. Denn wenn das Küken so riesig war, wollte ich keinesfalls der Mutter begegnen!

TÖDLICHER SCHNABEL

Mit seinem scharfen, hakenförmigen Schnabel reißt der Roch mühelos Fleischstücke aus seiner Beute.

GEFLÜGELTES WUNDERWESEN

Der Roch ähnelt einem Adler, ist aber viel, viel größer. Er kann seine langen Flugfedern wie Finger spreizen und erhält so zusätzlichen Auftrieb, wenn er durch die Lüfte gleitet.

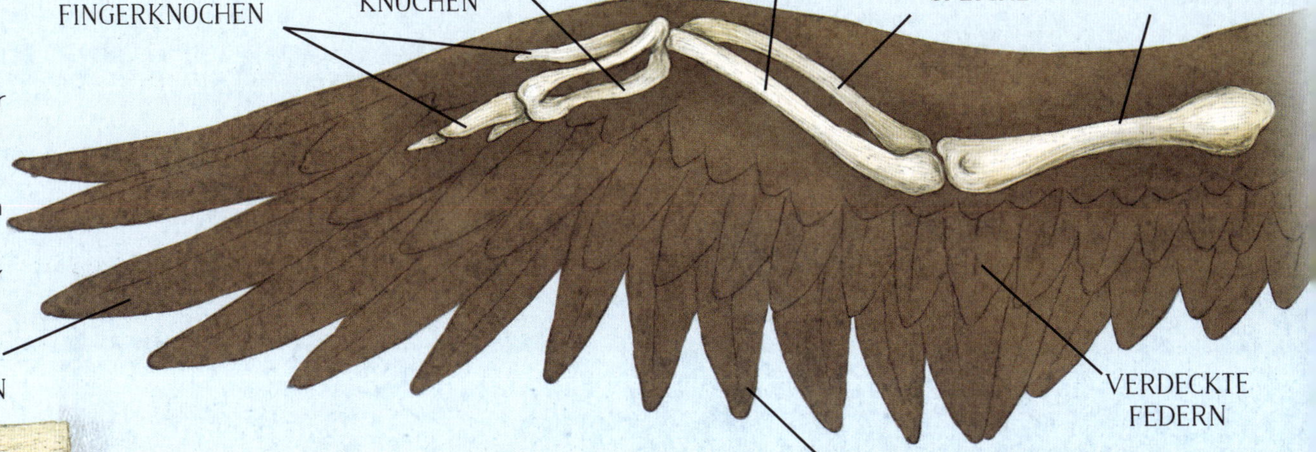

ADLERAUGEN

Wie bei vielen Raubvögeln befinden sich die Augen des Roch an der Vorderseite des Kopfes und sind nach vorn gerichtet. Deshalb kann er dreidimensional sehen, was ihm hilft, seine Beute zu lokalisieren. Vögel, die gejagt werden, haben hingegen Augen an den Seiten ihres Kopfes, die unabhängig voneinander sehen. Das ermöglicht einen Rundumblick, der hilft, Jäger zu bemerken.

RIESIGE FEDERN

Der berühmte Reisende Marco Polo schrieb, die Feder eines Roch sei 12 Schritte lang. Er übertreibt: Die Federn sind höchstens 4 Meter lang. Souvenirjäger auf Madagaskar halten immer wieder Blätter der Raphia-Palme für Roch-Federn, trotz der farblichen Unterschiede.

ROCH-FEDER RAPHIA-BLATT

MESSERSCHARFE KRALLEN

Die Beine des Roch sind dick wie Baumstämme und münden in hakenförmige Krallen, mit denen er große Beutetiere greifen kann. Laufen kann er mit ihnen allerdings weniger gut. Deshalb verbringt er die meiste Zeit in der Luft.

Drei Klauen weisen nach vorne. Hallux nennt man die vierte, nach hinten gerichtete Klaue, die dem Roch beim Greifen hilft.

EI UND KÜKEN

Ein Roch-Weibchen legt alle drei Jahre ein Ei. Sechs Monate lang wächst darin das Küken heran, das von der Mutter warmgehalten werden muss. Während dieser Zeit verlässt das Weibchen nur alle paar Wochen das Nest, um Nahrung zu suchen.

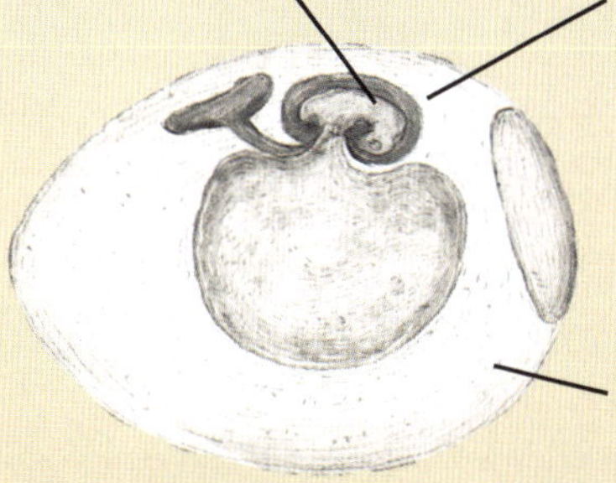

EIN MONAT: Im Inneren des Eis hat sich ein winziger Embryo entwickelt.

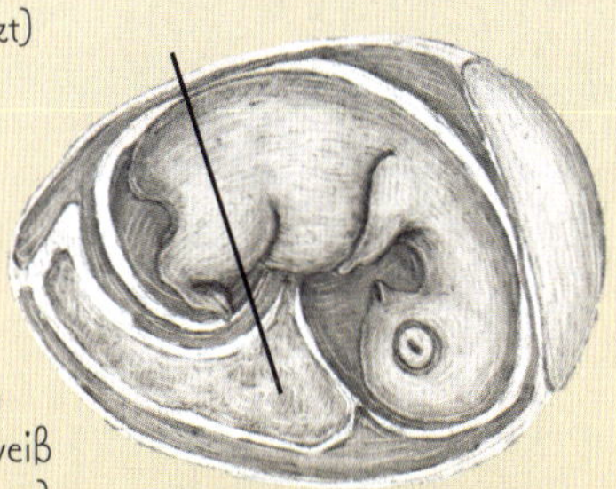

DREI MONATE: In diesem Stadium zeichnen sich bereits deutliche Vogel-Merkmale ab.

SECHS MONATE: Ein paar Wochen vor dem Schlüpfen wächst dem Küken ein „Eizahn" am Schnabel, mit dem es die Schale durchbrechen kann. Ein frisch geschlüpftes Rochküken ist bis zu 3 Meter lang!

BASILISK

Serpens diabolica

Der Basilisk gilt als „König der Schlangen“. Er ist das wohl gefürchtetste aller magischen Tierwesen. Viele – mitunter widersprüchliche – Sagen ranken sich um das Fabeltier. Dass es so wenige verlässliche Informationen über ihn gibt, hat einen einfachen Grund: Die meisten Menschen, die einem Basilisken begegnet sind, haben nicht überlebt. Angeblich kann einen der bloße Blick dieses Wesens zu Stein verwandeln. Die GzSmT geht allerdings davon aus, dass der Basilisk seine Opfer nur hypnotisiert, damit sie nicht fliehen können.

LEBENSRAUM: Wüste. Manche sagen, dass sein Gift so mächtig ist, dass alles, an dem sich der Basilisk entlangschlängelt, eingeht und stirbt, ob Pflanze oder Tier. Auf diese Weise kann er jede Landschaft in eine leblose Wüste verwandeln.

REGION: Arabische Halbinsel und Nordafrika

MERKMALE: schlangenartiger Körper, drachenähnlicher Kopf mit stacheligem Kamm, hypnotische, bernsteinfarbene Augen

GRÖẞE: angeblich bis zu 20 Meter Länge

NAHRUNG: Der Basilisk frisst jedes Lebewesen, das ihm begegnet, und erlegt sogar Vögel, die über ihm fliegen, indem er sie mit Gift bespuckt.

VERHALTEN: Mit seinem tödlichen Biss, seinem giftigen Atem und seinem hypnotischen Blick hat er viele Möglichkeiten, seine Beute zu überwältigen. Angeblich macht er sogar das Wasser jedes Bachs oder Tümpels, aus dem er trinkt, für Jahre ungenießbar.

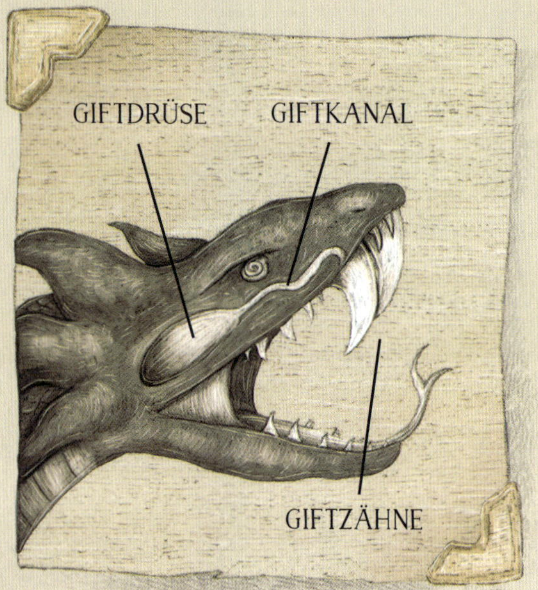

BASILISKENGIFT

Dem Basilisken wird das giftigste Gift im Tierreich zugeschrieben – ein Gift, das so stark ist, dass es noch Jahrzehnte nach seinem Tod tödlich bleibt. Einmal stach angeblich ein Reiter mit seiner Lanze in einen Basilisken, dessen Gift die Lanze hinaufwanderte und Reiter und Pferd tötete.

Das ist allerdings nur ein Mythos. Der Basilisk und sein berüchtigtes Gift müssen unbedingt besser erforscht werden.

HYPNOTISCHE AUGEN

Historischen Berichten der GzSmT zufolge hypnotisiert der Basilisk seine Beute mit seinen spiralförmigen Pupillen, um sie an der Flucht zu hindern. Daher ist es so schwierig, Basilisken zu erforschen – wer ihnen einmal in die Augen schaut, wird kaum überleben.

BASILISKEN ABWEHREN

Angeblich gibt es drei Methoden, um sich gegen einen Basilisken zu wehren. Auch wenn ihre Funktionsweisen rätselhaft erscheinen, haben sie sich in einigen Fällen bewährt.

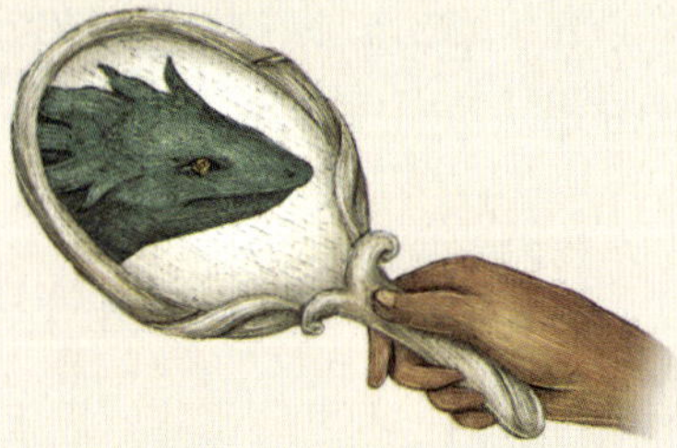

Man darf einen Basilisken nie direkt ansehen, sollte also einen Spiegel bei sich tragen, um seinen hypnotischen Blick auf ihn zurückzuwerfen.

Angeblich ist das Wiesel der Erzfeind des Basilisken – aus irgendeinem Grund muss er ein Wiesel nur riechen, und schon fällt er in Ohnmacht.

Wer sich einem Basilisken nähert, sollte einen Hahn mitnehmen: Sein Krähen versetzt die Schlange offenbar in Angst und Schrecken.

Versteckt in den Schluchten der Wüste Jordaniens liegen die Ruinen der antiken Stadt Petra. Die atemberaubenden, direkt in die Felsen gehauenen Bauwerke sind seit Jahrhunderten verlassen …

… und seither haust darin angeblich ein großer Basilisk. Oder könnte es nicht sein, dass die Stadt nur deshalb ausgestorben ist, weil der Basilisk sie aufgesucht hat?

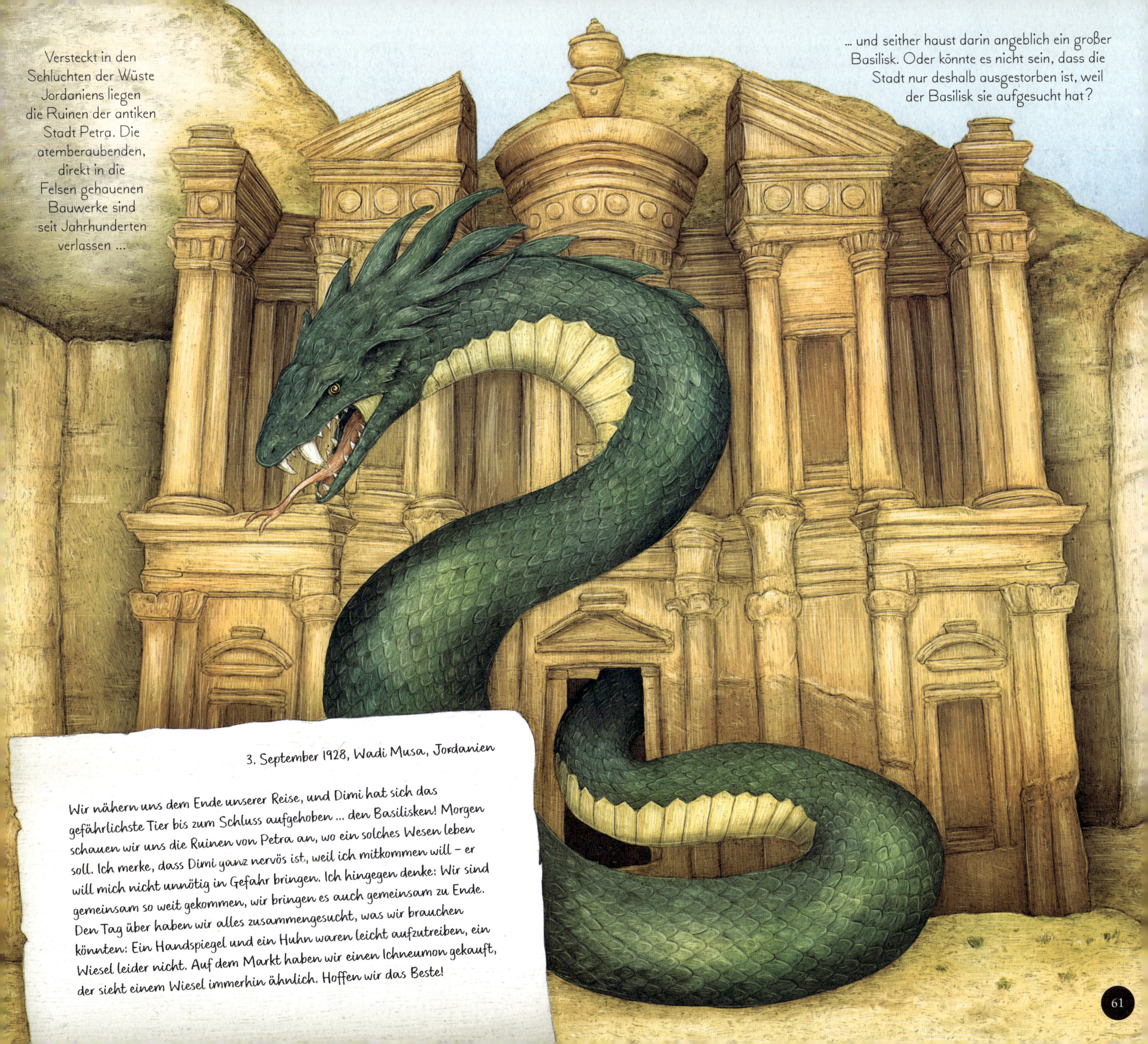

3. September 1928, Wadi Musa, Jordanien

Wir nähern uns dem Ende unserer Reise, und Dimi hat sich das gefährlichste Tier bis zum Schluss aufgehoben … den Basilisken! Morgen schauen wir uns die Ruinen von Petra an, wo ein solches Wesen leben soll. Ich merke, dass Dimi ganz nervös ist, weil ich mitkommen will – er will mich nicht unnötig in Gefahr bringen. Ich hingegen denke: Wir sind gemeinsam so weit gekommen, wir bringen es auch gemeinsam zu Ende. Den Tag über haben wir alles zusammengesucht, was wir brauchen könnten: Ein Handspiegel und ein Huhn waren leicht aufzutreiben, ein Wiesel leider nicht. Auf dem Markt haben wir einen Ichneumon gekauft, der sieht einem Wiesel immerhin ähnlich. Hoffen wir das Beste!

Hotel Hassan
Wadi Musa
4. September 1928, 2 Uhr nachts

Liebste Artemis,

wenn du diese Zeilen liest, bin ich schon fort. Ich konnte nicht schlafen – ich habe mich hin- und hergewälzt, aber schließlich beschlossen, dass es einfach zu gefährlich für dich ist, mich auf dieser letzten Etappe der Expedition zu begleiten. Bislang warst du die ideale Reisebegleitung – mutig und beherzt. Doch ich würde mir nie verzeihen, wenn dir jetzt noch etwas zustößt. Ich weiß, dass dir das nicht gefallen wird, daher stehle ich mich heimlich davon, bevor du aufwachst. Ich kann nicht anders!

Bitte, meine Gute, sei mir nicht böse – ich weiß, dass du Petra genauso gerne wie ich erkunden möchtest, um herauszufinden, ob der Basilisk noch da ist, aber ich muss das alleine tun. KOMM AUF KEINEN FALL NACH!

Wenn alles nach Plan läuft, bin ich übermorgen zurück im Hotel. Sollte ich wider Erwarten nicht zurückkehren, bewahre bitte die Aufzeichnungen unserer Expedition auf, um sie der GzSmT zu übergeben und eventuell auch einem breiteren Publikum vorzustellen. Wir müssen die Gefährdung vieler magischer Wesen äußerst ernst nehmen und alles tun, um ihre wertvollen Lebensräume zu schützen. Ihre Zukunft liegt in unseren Händen.

Bis Donnerstag also, in Liebe

Dimitros

Bezeichnungen für Tierverbände

Mehrere Fische bilden einen Schwarm, mehrere Pferde eine Herde. Aber auch für magische Tierwesen gibt es solche kollektiven Bezeichnungen. Hier sind einige meiner Favoriten:

Ein **Gepränge** Einhörner
Ein **Geheck** Kitsunes
Ein **Bukett** Phönixe
Eine **Kolonie** Pukwudgies
Ein **Trupp** Zentauren

Eine **Brut** Schreckhähne
Ein **Rudel** Mantikore
Eine **Sippe** Drachen
Eine **Schule** Bunyips
Eine **Rotte** Wolpertinger

An die Gesellschaft zum Schutz
magischer Tierwesen
Postfach 777
Athen, Griechenland

Hotel Hassan
Wadi Musa, Jordanien
18. September 1928

Sehr geehrte Damen und Herren,

ich bin Geschäftsführer des Hotels Hassan und muss Ihnen leider eine bedauerliche Mitteilung machen. Am 4. September haben zwei unserer Gäste, Dr. Dimitros Pagonis und Miss Artemis Matsouka, in den frühen Morgenstunden unser Hotel verlassen. Da sie nicht mehr zurückkehrten, haben wir Nachforschungen angestellt, konnten sie aber bislang nicht ausfindig machen. Die Sicherheit unserer Gäste ist uns sehr wichtig – es ist das erste Mal, dass Bewohner unseres Hauses spurlos verschwunden sind! Sie können sich sicher vorstellen, wie sehr uns dieses Vorkommnis betrübt.

In ihrem Zimmer fanden wir eine hastig niedergeschriebene Notiz von Miss Matsouka mit der Anweisung, Ihnen im Falle ihres Verschwindens dieses Buch und die dazugehörigen Aufzeichnungen zu schicken. Ich hoffe, dass diese Sendung Sie unbeschadet erreicht und dass Sie meine aufrichtige Entschuldigung für das rätselhafte Verschwinden Ihrer Kollegen aus unserer Obhut annehmen.

Mit großem Bedauern,
Hakim Hassan

Für meine zauberhaften Mädchen, Joanie und Tess.
Mit zwei so tapferen Wieseln an meiner Seite
muss ich keinen Basilisken fürchten.
– E. H.

Für Felix. Eine ganze Welt voller Magie
wartet auf dich!
– J. R.

Titel der Originalausgabe: *A Natural History of Magical Beasts*

ein Unternehmen der Penguin Random House Verlagsgruppe GmbH
Neumarkter Straße 28, 81673 München

Übersetzt aus dem Englischen von Cornelius Hartz

Projektmanagement: Constanze Holler
Lektorat: Katharina Knüppel
Herstellung: Susanne Hermann
Satz: Doruntina Berisha
Druck und Bindung: Everbest Printing Co. Ltd., China

RECYCLED
Papier aus Recyclingmaterial
FSC® C124385

Penguin Random House Verlagsgruppe FSC® N001967

ISBN 978-3-7913-7583-0

www.prestel-junior.de